ROBERT HILBLE
GABRIELE LANGFELDT-FELDMANN

KOI

KOSMOS

Koi werden zahm und gedeihen unter hervorragenden Haltungsbedingungen prächtig wie dieser 80 cm große Chagoi.

Koi sind etwas ganz Besonderes. Sie sind unvergleichlich, in jeglicher Hinsicht. Für den einen Geldanlage, für den andern Schmusetier – der Koi kann alles.

Koi sind einzigartig

„Schmusetier" Koi

Seit fast 20 Jahren halten wir Koi, also schon lange, bevor sie hierzulande „in Mode" gekommen sind. Wir waren immer begeistert von der zutraulichen, freundlichen Art dieses Fisches und von seiner außergewöhnlichen Schönheit. Aber das Faszinierendste ist der Dialog mit dem Fisch. Wenn so ein prächtiger Riesenkoi mit majestätischen Bewegungen auf einen zugeschwommen kommt, den Kopf aus dem Wasser streckt, sich streicheln lässt und seinen Leckerbissen schmatzend aus der Hand nimmt – das sind bewegende Augenblicke für jeden Koi-Halter. Einem Fisch so nahe sein zu können, dass man ihn sogar anfassen kann, ist etwas ganz Besonderes. Man muss dies erst selbst erlebt haben, um dieses Glücksgefühl nachvollziehen zu können. Das ist die eine Seite der Koihaltung: der Fisch als ein Schmusetier.

Rekorde aus Japan
Der größte Koi soll 1,53 m groß sein und 45 kg wiegen! Der älteste bekannte Koi heißt Hanako und ist eine 226 Jahre alte Higoi-Dame! Sie ist 77 cm lang und 9 kg schwer. Man stellte dieses unglaubliche Alter durch mikroskopische Untersuchung der Schuppen fest.

Der Kultkarpfen
Mittlerweile ist der Koi von den Medien zum Kultkarpfen erhoben und zum Fisch der Reichen erklärt worden. Ein Statussymbol. Wer beeindrucken möchte, kann das wunderbar mit einem Koi-Teich, in dem Fische mit einem Wert von je 10.000 – 20.000 Euro herumschwimmen. Das ist die andere, die glamouröse Seite der Koi-Haltung.

CHAMPIONS Es gibt keinen anderen Fisch, der solches Aufsehen erregt wie der Koi. Auf Messen und Ausstellungen werden weltweit die Champions gekürt. Diese Champions erreichen schier unvorstellbare Werte. Eine Viertelmillionen Euro ist schon seit Jahren keine Seltenheit. Wen wundert es, dass dieses Tier bei uns so schnell zum Prestigeobjekt avanciert ist. Solche Preise werden allenfalls für Rennpferde erzielt. Natürlich gibt es strenge Richtlinien, die das Aussehen eines Klasse Koi bestimmen und somit auch seinen Preis. Reiche Japaner lassen durch spezielle Koi-Experten nach erstklassigen Fischen Ausschau halten. Sind sie gefunden, sucht man den besten Unterbringungsplatz für sie, meist bei einem Züchter in einem Naturteich. Dort erhalten sie die beste Pflege, natürlich gegen das entsprechende Entgelt. Ziel ist es, den Champion zu finden, der möglichst die Nummer eins auf den wichtigsten Ausstellungen in Japan wird. Geld spielt keine Rolle, dabei geht es nur um Status.

ES GEHT AUCH BILLIGER Zugegeben, Koi-Haltung ist ein kostenintensives Hobby, aber gute Fische sind schon für weniger Geld zu haben. Zum einen muss es für den heimischen Teich nicht unbedingt Championklasse sein, und zum anderen kann man auch sehr schöne jüngere Fische kaufen, die weit weniger kosten als die „Jumbos". Mit 100 bis 200 Euro haben Sie schon hübsche Jungkoi. Wenn Sie Fische mit Zukunftspotential suchen, sollten diese aber mindestens zwei bis drei Jahre alt und 35–40 cm groß sein. Erst ab diesem Zeitpunkt ist die Hautqualität – und somit die Farbintensität, die Zeichnung – festgelegt und das Geschlecht bestimmbar. Es ist wichtig, einen vertrauenswürdigen Händler zu finden, der Sie entsprechend beraten kann und vor allem Koi aus guter Zucht zum Verkauf anbietet.

鯉　鯉幟

Koi und Koinobori in japanischen Schriftzeichen.

*Um das Phänomen Koi besser zu begreifen, soll-
ten wir uns in seiner Heimat umsehen. Dort hat
man ein ganz besonderes Verhältnis zu diesen
außergewöhnlichen Karpfen.*

Koi in Japan

Die Heimat der Koi

Die Heimat des Karpfens ist Zentralasien.
Von den domestizierten Fischen hat er die
längste Geschichte. Man importierte ihn über
China und Korea nach Japan. Knochenfunde
in japanischen Flüssen und Seen datieren
bereits auf 200 v. Chr. Adlige der Heian-Peri-
ode (785–1192) hielten in ihren Gartenteichen
wilde Koi als Zierfische. Es gibt eine hübsche
Geschichte aus dem alten China im Jahr 533
v. Chr., dem dreizehnten Jahr der Regent-
schaft Kaiser Jings. Zu dieser Zeit lebte Kon-
fuzius im Staate Lu (Shantung), als sein älte-
ster Sohn geboren wurde. Um dem chinesischen Philosophen seine Wertschätzung zu
zeigen, beschenkte ihn Zhao Gong, der Herr-
scher von Lu, mit seltenen Fischen, denen
man den Namen Li gab, d. h. der Karpfen).

Symbol der Stärke und des Glücks

In der westlichen Welt hat der „normale"
Karpfen ein ausgeprägtes Schmuddel-Image:
Er gilt als langweilig, verfressen, mit jedem
Dreckwasser zufrieden, ewig im Trüben
lebend. Zwar wird ein Karpfen sehr alt, aber
eine positive Symbolik hat er in unseren Breiten nicht. In China und Japan dagegen ist
dies vollkommen anders. Dort gilt der Karpfen als maskulines Symbol für Beharrlichkeit,
Mut und Ausdauer. Sein jährlicher Kampf
flussaufwärts zu den Laichgründen symboli-
siert für die Japaner das gesunde und kraft-
volle Heranwachsen eines männlichen Kin-
des und dessen Akzeptanz in der Gesellschaft. In der chinesischen Mythologie klet-
tert der Karpfen Wasserfälle hinauf, um sich
dann in einen Drachen zu verwandeln.

„KOIFEST" In Japan gibt es sogar ein Fest, in
dem der Karpfen ornamentale und symboli-
sche Zentralfigur ist. Tango no sekku ist ein
nationaler Feiertag und wird am 5. Mai gefei-
ert. Familien mit Söhnen kaufen Samurai-
Puppen und Miniaturhelme und hissen koinobori, wertvolle farbenprächtige Papier-
oder Stoffkarpfen, an einer langen Bambus-

Am Fest der Jungen werden Koi aus Papier gehisst. Sie symbolisieren Kraft, Stärke und Tapferkeit.

Detail einer Koinobori-Bemalung.

stange vor dem Haus. Sie symbolisieren den Wunsch der Eltern, der Sohn möge ebenso tapfer und stark sein wie der Karpfen. Man betet für die Gesundheit und das Wohlergehen der Kinder und ihren Erfolg in gesellschaftlichen Belangen. Diese Koinobori sind oft nach traditionellen Vorlagen gefertigt und können sehr teuer sein. Ein Satz dieser Papierkarpfen kann bis ca. 10.000 Euro kosten. Die Mehrzahl der japanischen Familien allerdings gibt sich mit kleineren und einfacheren Modellen zufrieden, aus finanziellen und aus Platzgründen. Die größeren und sicher auch teureren Koinobori-Sets können immerhin bis zu zehn Metern lang sein. Samurai-Puppen und Koinobori tauchten erstmals in der Edo-Ära (1600–1868) auf, seit der Meiji-Ära (1868–1912) sind sie nationales Brauchtum. Das traditionelle Gebäck an diesem Tag ist kashiwa-mochi, ein in Eichenblättern verpackter Reiskuchen. Oder man lässt sich chimaki, Reiskuchen mit Bohnenpaste in Bambusblätter gewickelt, schmecken.

Koi – Kunstwerk der Natur

Sie sehen also, den Koi nur als Geldanlage abzutun heißt, das Wesen Koi nicht in seiner Gesamtheit zu erfassen. Man kommt ihm näher, wenn man ihn als Kunstobjekt begreift. Der Koi ist praktisch ein nationales japanisches Kunstwerk, geschaffen durch die Fertigkeit japanischer Züchter. Wie bei einem Bild oder einer Skulptur steht der Preis nicht im Mittelpunkt. Man akzeptiert, dass ein vollkommenes Kunstwerk seinen Preis hat, den sich vielleicht nicht jeder leisten kann. Ein perfekter Koi ist ein Kunstwerk der Natur, ein seltenes, sehr wertvolles Ereignis.

Die Geschichte der Koi

Vom Speisekarpfen zum Koi
Die eigentliche Geschichte der Koi begann
vor etwa 180 Jahren in der Präfektur Niigata.
Das Gesicht dieser Landschaft ist geprägt
von Reisterrassen. Hier lebten Reisbauern,
die Speisekarpfen züchteten. Diese Fische
waren etwas schlanker als unsere Teichkar-
fen und lebten eigentlich in Flüssen. Die
Fischbrut wurde in die gefluteten Reisfelder
gesetzt, wo sie ausreichend Nahrung fand,
um rasch heranzuwachsen. Unter diesen
graubraunen Karpfen fanden sich auch einige
farbige Mutanten. Diese wurden wieder gekreuzt und entwickelten sich im Laufe der
Jahre zu den Koi, wie wir sie heute kennen.

Koi-Varianten entstehen
Zunächst wurden der Higoi, Asagi und Bekko
gezüchtet, bald bekannt und teuer gehandelt.
Der Koi wurde weiter entwickelt und in der
Meiji-Ära (1868–1912) tauchte der erste gute
Ki-Utsuri auf. Shiro-Utsuri, Ki-Utsuri, Taisho-
Sanke, Showa und der Kohaku kamen in der
Taisho-Ära (1912–1926) dazu. In der Showa-
Ära ab 1926 folgten Ginrin, Ogon und andere
Hikarimonos, die aus Kreuzungen zwischen
Ogon und anderen Koi entstanden. Ein wich-
tiger Impuls kam durch das Einkreuzen deut-
scher Spiegelkarpfen, was die einzigartige
Schönheit der Farben noch stärker betonte.

Spitzenkoi kommen aus Japan
Die Niigata-Präfektur ist eine bergige Gegend
mit langen und schneereichen Wintern. Eigentlich ein ungünstiger Ort, um Koi-Karpfen
zu züchten. Dennoch kommen noch heute
ausgerechnet aus dieser Gegend die weltbe-

Eine Steinlaterne im Bambushain gibt dem Garten
asiatisches Flair.

sten Koi. In Israel, Amerika oder Taiwan, wo
bessere klimatische Bedingungen für Koi
herrschen, wird aufgrund der Wärme zwar
ein schnelleres Größenwachstum erzielt, sie
erreichen aber nicht die Qualität der japanischen Koi. Vielleicht liegt es daran, dass die
Koi in nährstoffreichen ehemaligen Reisterrassen herangezogen werden, vielleicht liegt
es am Wasser, an Mineralien oder einfach am
Können der Züchter in Niigata, die den Koi
zum Fisch der Superlative gemacht haben.

Koi sind außergewöhnliche Fische mit einer faszinierenden Ausstrahlung.

In Japan kennt man den Koi als Haustier schon lange Zeit. Abgesehen von seiner beeindruckenden Größe und seiner Schönheit, die einem Gartenteich erst den unverwechselbaren Zauber verleiht, hat der Koi ein Wesen, das den Fisch zur Persönlichkeit macht.

Typisch Koi

Atemberaubende Ausstrahlung

Wer zum ersten Mal einen Teich mit Klasse Koi sieht, dem verschlägt es den Atem. Die Ausstrahlung der Fische ist so einzigartig, dass man vergisst, dass man es „nur" mit Fischen zu tun hat. Besucher, die zum ersten Mal mit diesen Tieren konfrontiert werden, reagieren auf unterschiedlichste Weise. Die einen stehen lange Zeit stumm am Teichrand und schauen nur, bevor die ersten Fragen oder Kommentare kommen, die meisten sind so überrascht und überwältigt von der Größe und Schönheit der Tiere, dass sie ganz aufgeregt sind. Aber bei fast allen kommt eine Frage, die einen Koi-Besitzer zum Schaudern bringt: „Kann man die auch essen?" Es ist für einen Außenstehenden schwer zu verstehen, dass ein Fisch ein Haustier ist wie Hund oder Katze. Theoretisch könnte man Koi essen. Doch würden Sie Ihre Haustiere, Ihren Hund oder Ihre Katze verspeisen? In unserem Kulturkreis wäre das eher ungewöhnlich. Viele Koi-Besitzer entwickeln ein ganz inniges Verhältnis zu ihren Fischen – wie dies bei anderen Haustieren auch der Fall ist. Koi sind sehr aufmerksam und erkennen Bekannte an der Stimme und am Gang. Sie strecken schon erwartungsvoll die Köpfe aus dem Wasser, wenn sie hören, dass die Terrassentür geöffnet wird. Es ist ein beglückendes Erlebnis, wenn ein großer Koi langsam auf einen zukommt, schmatzend das Futter aus der Hand nimmt, und sich dann noch anfassen lässt. Für solche Erfahrungen benötigen Sie keinen Champion-Koi. Koi-Haltung ist immer eine spannende Sache. Es macht viel Spaß, die Fische aufwachsen zu sehen. Allerdings ist bei kleinen Koi immer unsicher, ob sich die intensive Färbung hält, wenn sie ausgewachsen sind, oder ob sie verblassen. Wenn Koi von hoher Qualität optimal gehalten werden, belohnen sie uns mit brillanten, leuchtenden Farben und einem munterem Wesen.

Fremdelnde Koi
Falls Ihre Koi doch zu lange „fremdeln", sollten Sie sich einen Chagoi zulegen. Diese „sanften Riesen" sind sehr ruhig, zutraulich und v. a. verfressen. Sie werden die Ersten sein, die Futter aus Ihrer Hand nehmen, und sie können durch ihre ruhige Art einen nervösen Schwarm beruhigen.

Ein Schwarm japanischer Koi beim täglichen „Schmusen".

Koi lassen sich zähmen

Für gutes Essen macht auch ein Koi alles. Hierin liegt der Schlüssel zu seiner Zähmbarkeit. Sie brauchen nur einige Leckerbissen und Geduld. Wenn Sie sich selbst ruhig fühlen und etwas Zeit haben, dann setzen Sie sich an den Teich und halten ein Futterstückchen in das Wasser. Reden Sie mit den Koi. So lernen sie Ihre Stimme kennen. Bei fremden Stimmen tauchen sie sofort ab. Sie sollten am Anfang der Koi-Dressur Kleidungsstücke in einer bestimmten Farbe tragen, das erleichtert den Koi die Orientierung. Wenn sie wissen, dass keine Gefahr für sie droht, kommen sie zu Ihnen, um zu schauen, was es gibt. Denn Koi sind auch neugierige Tiere. Jetzt sollten Sie sich so bequem wie möglich hinsetzen, denn es kann sein, dass Sie einige Minuten in gleicher Stellung verharren müssen, bis der erste Mutige sich ein Herz fasst. Meistens wird das derjenige sein, der immer als Erster zum Futterplatz heranschwimmt.
UNTERSCHIEDLICHE TEMPERAMENTE Sie werden rasch feststellen, wie unterschiedlich Koi im Temperament sind. Es gibt Draufgänger, die überall die Ersten sein wollen, und Höfliche, die den Draufgängern den Vortritt lassen. Und dann gibt es scheue Koi. Mit ihnen

kommt man auch bei der Fütterung schlecht in Kontakt. Aber normalerweise siegt die Neugier und der Koi kommt willig zu Ihrer Hand. Wenn Sie dem Fisch ein Stück Brot hinhalten, das zu groß ist, wird er es laut schmatzend packen und versuchen, es mit einem Ruck des Kopfes gierig abzureißen.
„STREICHELEINHEITEN" Hat er erst einmal Futter aus Ihrer Hand genommen, dann lässt sich der Koi auch bald von Ihnen streicheln. Sie werden sich wundern, wie wunderbar er sich anfasst. Gar nicht glitschig und kalt, sondern fest und muskulös. Die Haut des Fisches erinnert an Samt. Die Lippen sind kräftig zupackend, aber nie schmerzhaft. Seine Lippen sind wie aus festem Gummi. Der Koi kann Sie nicht mit Zähnen verletzen.

Gesundheitskontrolle

Wenn die Koi gewöhnt sind, jeden Tag aus der Hand gefüttert zu werden, kommen sie sofort zu Ihnen geschwommen, sobald Sie sich am Teich niederlassen. Sie können die Fische bald anfassen und streicheln. Dies erleichtert Ihnen die Kontrolle der Tiere auf Krankheiten und Parasiten. Unter Umständen können Sie auch Parasiten entfernen, ohne dass der betroffene Koi eingefangen werden muss.

Vorsichtige Koi

Seien Sie nicht enttäuscht, wenn Ihre Koi sich nicht „vorführen" lassen, wenn Sie Besuch haben. Bei fremden Stimmen gehen sie erst einmal auf Tauchstation. Alles Neue irritiert Koi. Das können auch Baumaßnahmen auf dem Nachbargrundstück sein. Koi haben sehr feine Sinne, ihnen entgeht nichts. Wenn sie sehr irritiert sind, kann es sogar sein, dass sie das Fressen einstellen, bis sich die Situation aus ihrer Sicht wieder beruhigt hat.

Sinneswahrnehmungen

▶ Ein wichtiges Organ ist das Seitenlinien-
organ. Mit ihm nimmt der Koi Schwingun-
gen und Erschütterungen wahr. Wenn Sie
laut auf das Wasser klatschen, ist das
schrecklicher Lärm für einen Koi.

▶ Koi können auch gut sehen und Farben
unterscheiden. Seine Augen kann ein Koi
nicht mit Lidern verschließen.

▶ Die Nasenöffnungen führen in eine fal-
tenreiche Riechgrube. Koi können Futter,
Artgenossen oder Feinde am Geruch erkennen. Auch Schreckstoffe, die andere
Koi als Warnung bei Gefahr ins Wasser
gegeben haben, riechen sie.

▶ Mit Hilfe von Geschmacksknospen im
Maul können Koi schmecken. Sie können
sehr schleckig sein!

▶ Koi besitzen ein inneres, sehr verwin-
keltes Ohr, das Labyrinth. Damit nehmen
sie Töne wahr. Gleichzeitig dient es der
Gleichgewichtskontrolle.

Koi sind keine Einzelgänger, sondern mögen Gesellschaft.

Koi sind friedlich

Koi gehören zu den friedlichen Schwarmfi-
schen. Sie sind auch nicht aggressiv anderen
Fischarten gegenüber. Wenn Sie bereits einen
Teich mit Fischen haben, können Sie Koi
dazusetzen. Goldfische haben ein ganz ähnli-
ches Temperament. Unruhige Goldorfen
allerdings können Koi nervös machen, sodass es schwieriger wird, sie zu zähmen. Auf
Dauer ist es sicher sinnvoller, Koi allein zu
halten, da die Futteransprüche und die Reak-
tionen auf Medikamente und eventuell notwendige Desinfektionsmaßnahmen je nach
Fischart recht verschieden sein können.

Koi stellen Ansprüche

Der Koi gehört zu den Fischen, die schon
allein aufgrund ihrer Größe und der damit
einhergehenden Ausscheidungen hohe An-
sprüche an ihre Umgebung stellen. Es ist
nicht damit getan, einen kleinen Goldfisch-
teich zur Verfügung zu stellen, in der Hoff-
nung, die Fische würden sich schon akklima-
tisieren. Der Koi ist verschrien als problema-
tischer Fisch. Aber: Kein Mensch käme auf
die Idee, Forellen in irgendwelchen schlammigen Tümpeln zu halten. Doch ein Karpfen
soll dies alles aushalten. Tut er aber nicht!
Unsere Speisekarpfen sind robuster als Koi
und können in trüben Naturteichen leben.
Doch die Wasserqualität eines großen Natur-
teiches kann nicht mit einem kleinen Zier-
teich verglichen werden. Außerdem darf man
nicht vergessen, dass in solchen überbesetz-
ten Naturteichen auch viele Karpfen sterben,
nur spricht niemand darüber. Der Koi jeden-
falls benötigt sauberes, sauerstoffreiches
Wasser mit stabilem ph-Wert zum Überleben.

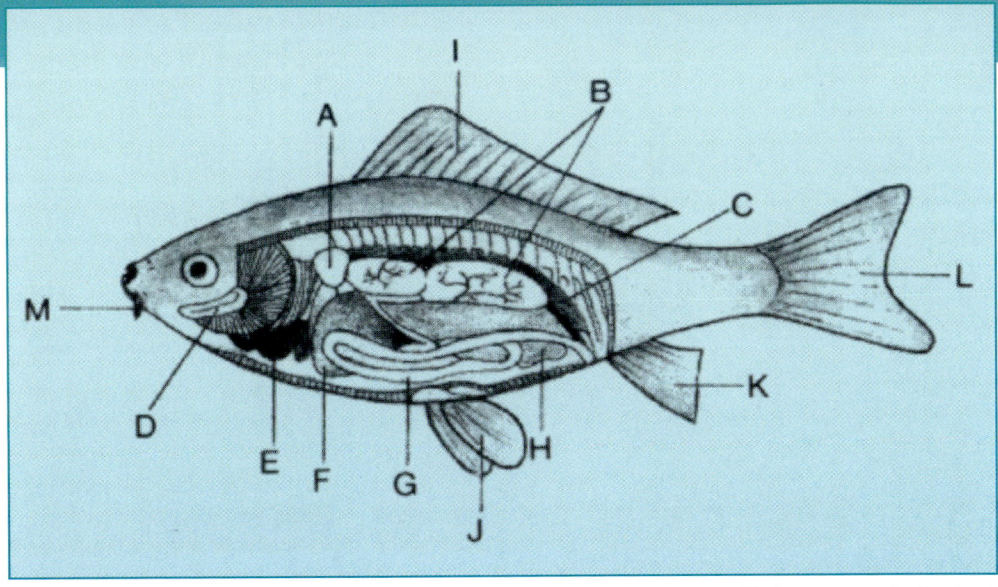

A Kopfnieren, B Schwimmblase, C Nieren, D Kiemenapparat, E Herz, F Leber, G Darm, H Geschlechtsorgan, I Rückenflosse, J Bauchflosse, K Afterflosse, L Schwanzflosse, M Barteln

Die Anatomie eines Koi

DER FISCHKÖRPER unterteilt sich in einen Kopfbereich, Rumpf und Schwanz. Unerlässlich für die Fortbewegung ist **DIE SCHWANZFLOSSE**. Mit ihr bestimmt der Fisch die Schwimmrichtung. Eine schnelle Vorwärtsbewegung bremst er durch eine plötzliche Richtungsänderung ab.

RÜCKEN-, BRUST-, BAUCH- UND AFTERFLOSSEN dienen der Stabilisierung und der Richtungsänderung. Die Flossen bestehen aus Haut, die fächerförmig von Skelettstrahlen durchzogen ist. Eingerissene oder teilweise verletzte Flossen wachsen meist wieder nach.

DIE SCHLEIMHAUT dient als Schutz vor Bakterien und Pilzen. Man darf sie nicht verletzen. Bitte die Fische nicht mit einem trockenen Tuch oder trockenen Händen anfassen. Die Schleimhaut wird von innen her nachgebildet, vorausgesetzt, der Fisch ist gut ernährt.

DIE SCHUPPEN geben Schutz vor groben Verletzungen. Ausgerissene Schuppen wachsen in der Regel wieder nach.

DIE KIEMEN sind die Atemorgane der Koi und liegen geschützt unter dem Kiemendeckel. Kiemen gesunder Koi sind tiefrot. Sie bestehen aus lamellenartigen Hautplättchen, die auf den knorpeligen Kiemenbögen sitzen.

DIE SCHLUNDZÄHNE sind keine richtigen Zähne, sondern Mahlknochen, die tief im Schlund sitzen. Mit ihnen wird die Nahrung zerkleinert. Sie gelangt dann in den Darm. Einen Magen besitzen Koi nicht, dafür einen recht langen Darmtrakt.

DIE SCHWIMMBLASE dient der Regulierung des Gewichtes nach dem Wasserdruck. Mit Hilfe dieses gasgefüllten Hohlorgans bestimmt der Koi, ob er sinken, aufsteigen oder frei im Wasser stehen will.

Koi werden 15 verschiedenen Klassifikationen zugeteilt.
Hier ein Sanke.

*Es gibt weit über hundert verschiedene Farb-
und Beschuppungsvarianten. Diese werden von
der „Zen Nippon Airinkai (ZNA)", dem welt-
größten Koi-Club mit Sitz in Japan, in folgende
15 Klassifikationen eingeteilt: Kohaku, Taisho
Sanshoku, Showa Sanshoku, Utsurimono, Bekko, Asagi, Shusui, Koromo, Goshiki, Hikari-
moyo-mono, Hikarimono, Hikariutsurimono,
Kawarimono, Kinginrin, Tancho.*

Allgemeine Standards

Koi, die einen hohen Wert erreichen können,
unterliegen natürlich klaren Anforderungen
an Körperform, Farbqualität und Zeichnung,
die ausschlaggebend für die Bewertung sind.
DAS HI Die rote Zeichnung (Hi) muss mindestens bis in die Mitte der Kopfpartie reichen
und dort wenigstens 50 % der weißen Fläche
bedeckt. Kohaku und Sanke ohne rote Kopfzeichnung werden „Kahlkopf" genannt und
sind wertlos. Idealerweise ist die Kopfzeichnung v-förmig und reicht bis zu den Augen.

Aber auch unregelmäßige Kopfzeichnungen
können sehr attraktiv aussehen. Komplett rot
gefärbte Köpfe wirken unschön. Eine sehr
hübsche Variante ist der so genannte „Kuchi-
beni" (Lippenstift). Hier trägt der Koi einen
roten Punkt auf der Nase oder den Lippen.
Bei der Körperzeichnung werden große Hi-
Flecken höher bewertet als kleine, da sie eher
ein blumiges Muster ergeben, was bei großen Koi wesentlich imposanter wirkt. Außerdem sind Kohaku mit großen Flecken farb-
stabiler. Dies ist auch ein Auswahlkriterium
für junge Koi. Die kleinen Kohaku mit großem Weißanteil sehen zwar im Moment
wesentlich hübscher aus, auf Dauer haben
Sie aber an den Fischen mit hohem Rotanteil
mehr Freude, da in der Regel die großflächige
rote Zeichnung im Alter aufbricht und der
Weißanteil zunimmt. An den Körperseiten
muss das Hi mindestens bis unter die Seitenlinie herabreichen, da es sonst bei erwachsenen Koi zu dürftig wirkt. Auf den Flossen
ist dagegen keine Hi-Zeichnung erwünscht.

Straight-Hi

Inazuma Kohaku

Kohaku

Der weiß-rote Kohaku ist die in Japan populärste und weltweit sicherlich bekannteste Koi-Variante. Seine plakative Musterung hat eine gute optische Fernwirkung und ist auch bei trüber Witterung sehr gut zu sehen. Allerdings nur dann, wenn die Fische eine hohe Farbqualität haben. Kohaku mit blassem Rot und Weiß sehen eher fade aus und erinnern an einen gewöhnlichen Goldfisch.

DIE WEISSE GRUNDFARBE sollte ganz dicht, schneeweiß und frei von Farbsprenkeln sein. **DAS HI**, die rote Zeichnung, sollte dick und tiefgrundig sein, wie eine rote Decke, die über dem Weiß liegt. Das gewünschte Hi reicht vom dunklen Orange über elegantes Erdbeerrot bis hin zu leuchtendem Scharlachrot. Wichtig ist, dass die Haut schön glänzt und nicht matt erscheint. Bei den vielen Zeichnungsvarianten gibt es einige Besonderheiten, denen man bestimmte Bezeichnungen geben hat:

Kohaku-Varianten

STRAIGHT-HI ODER IPPON-HI nennt man eine durchgezogene rote Fläche vom Kopf über den Rücken bis hin zum Schwanz. In der Regel nicht sonderlich begehrt, wenn es als einfache Fläche den Rücken bedeckt.

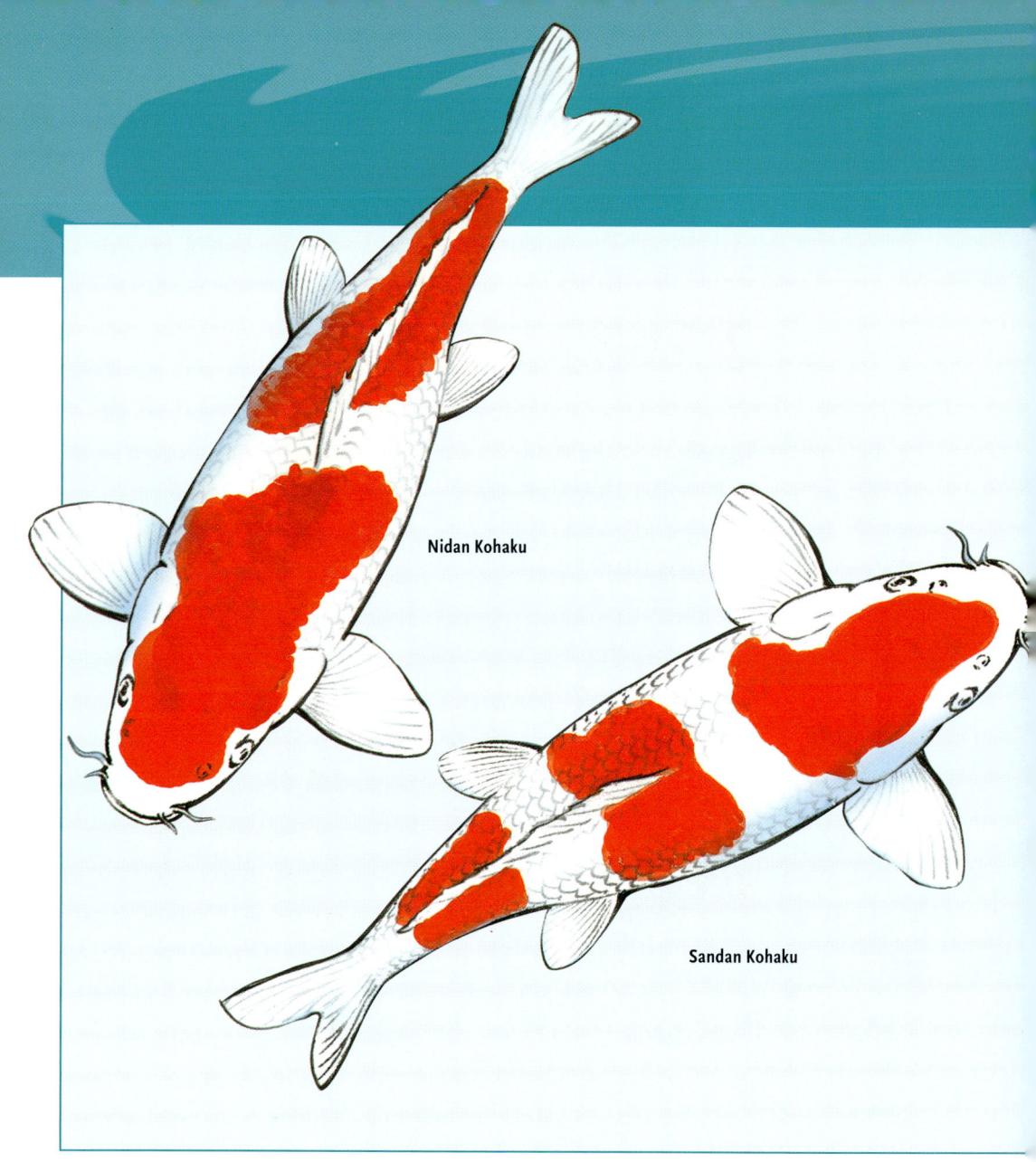

Nidan Kohaku

Sandan Kohaku

INAZUMA KOHAKU In der Regel auch eine durchgängige rote Fläche, ähnlich dem Straight-Hi, allerdings in Form eines Blitzes.
NIDAN KOHAKU Trägt zwei möglichst gleich große rote Flecken auf dem Rücken.

SANDAN KOHAKU trägt eine Zeichnung aus drei Flecken auf dem Rücken.
YONDAN KOHAKU Die Rückenzeichnung bei der Yondan Kohaku-Variante besteht aus vier Flecken.

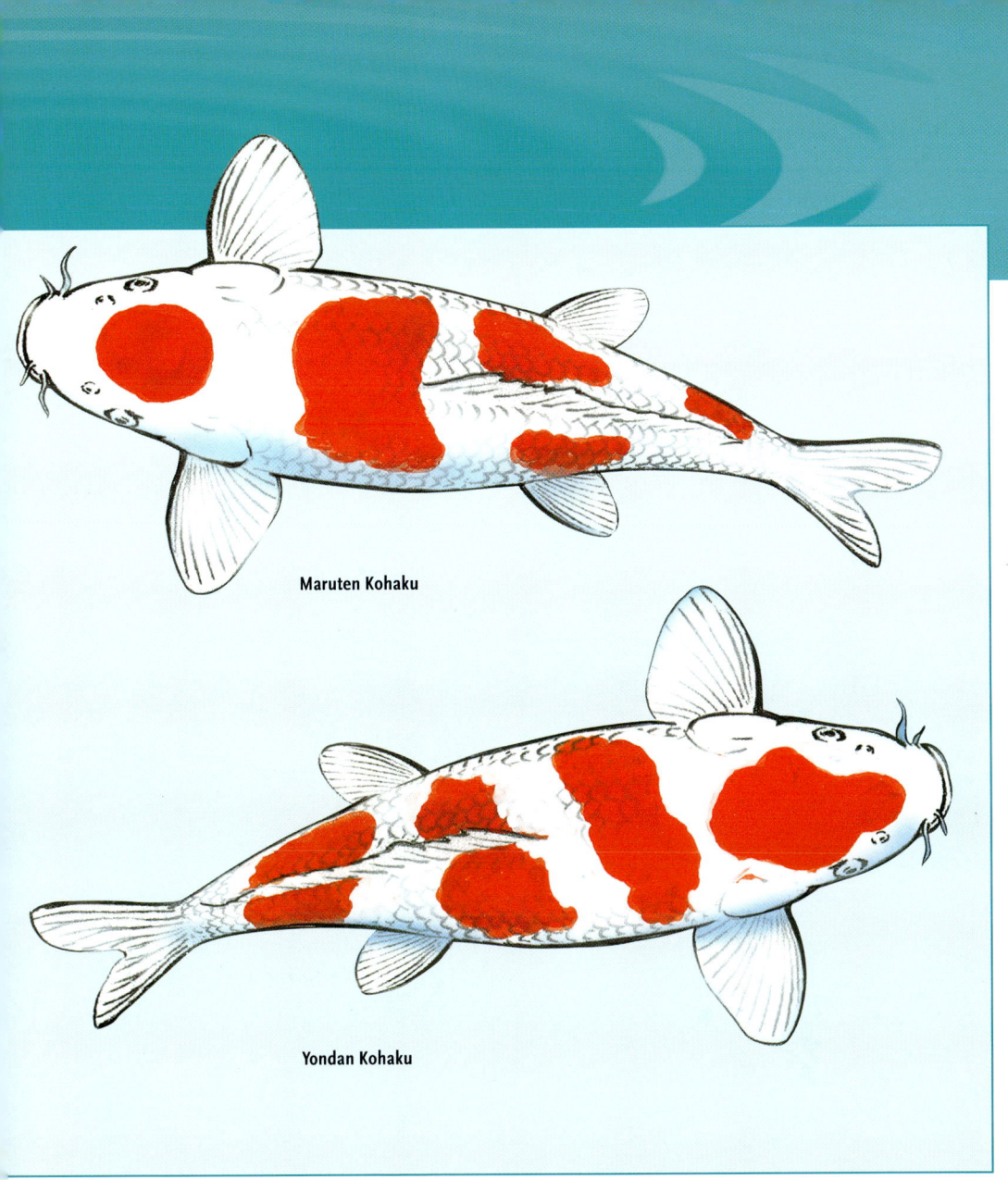

Maruten Kohaku

Yondan Kohaku

TANCHO KOHAKU Die einzige Zeichnung ist ein roter Fleck auf dem Kopf. (👁 S.36)

MARUTEN KOHAKU Diese Kohaku besitzen zusätzlich zur roten Körperzeichnung einen klar abgesetzten roten Kopffleck.

KANOKO KOHAKU wird der Gruppe der Kawarimono zugeordnet. Die rote Zeichnung oder Teile davon erscheinen als rote Tupfen einzeln auf den weißen Schuppen. Diese Koi sind allerdings in Japan nicht sehr geschätzt.

Taisho Sanshoku

Außerhalb Japans sind die allgemein als Sanke oder Taisho Sanke bezeichneten dreifarbigen Koi die wohl begehrtesten Vertreter ihrer Art. Speziell Anfänger in der Koi-Haltung suchen oftmals gezielt nach den „dreifarbigen Koi". Taisho Sanshoku, die in Zoohandel und Gartencentern angeboten werden, stammen allerdings meistens aus Israel.

„DREIFARBIGER KOI" Der Sanke ist ein weißgrundiger Koi mit roter und schwarzer Zeichnung. Wie beim Kohaku sollte auch beim Sanke die Grundfarbe schneeweiß, die Hi-Zeichnung tiefrot und klar abgegrenzt sein. **SUMI** wird die schwarze Zeichnung genannt und sollte beim erwachsenen Koi tiefschwarz glänzen wie japanischer Lack. Beim jugendlichen Koi liegt das „gute" Sumi oft blaugrau

unterlegt in der Haut (Sashi) und erscheint erst mit fortschreitendem Alter. Das bei Jungfischen bereits sichtbare auffällige Sumi verschwindet leider oftmals wieder. Man unterscheidet zwei Sumi-Formen:

▶ **TSUBO SUMI** Das höherwertige Tsubo Sumi befindet sich auf weißem Grund oder reicht höchstens etwas in das Hi hinein, ohne aber von dem Hi eingefasst zu sein. Es gibt dem Sanke einen eleganten Charakter. Beim Aka Sanke zum Beispiel, einem Sanke mit hohem Rotanteil, findet man meist das

▶ **KASANE SUMI** Dieses Sumi liegt direkt im Hi und ist vollständig rot eingefasst. Diese Art der Zeichnung wird vorwiegend von Neulingen in der Koi-Haltung bevorzugt, da Koi mit Kasane-Sumi sehr auffällig sind. Beim

Showa Sanshoku

ZEICHNUNG Der Showa ist ein schwarzgrundiger Koi mit roter und weißer Zeichnung. Da beim typischen Showa der Weißanteil maximal 20 % beträgt, wirken diese meist dunkel gefärbten Koi sehr kräftig und äußerst imposant. Was die Hautqualität anbelangt, sollte das Weiß wiederum schneeweiß sein.

ZWEI HI-VARIANTEN gibt es: Die ersten Showa-Linien entstanden aus der Kreuzung Ki-Utsuri (schwarz-gelb) und Kohaku und sind lediglich orangerot. Dieses Orange wird auch durch starke Karotinfütterung nicht richtig rot. Erst als Herr Kobayashi 1965 in eine seiner Blutlinien einen Yagozen Kohaku mit extremen Hi einkreuzte und diese Nachkommen nochmals mit einem Tomoin Kohaku gekreuzt wurden, festigte sich ein neuer Typ von Hi, der dem Kohaku und Sanke an Schönheit nicht mehr nachsteht.

DIE HI-ZEICHNUNG sollte dem Kohaku-Typus entsprechen. Sehr attraktiv ist es auch, wenn sie als Zickzacklinie über den Rücken läuft.

DAS SUMI sollte beim Showa großflächig, extrem dick und dicht sein. Gutes Sumi wirkt oftmals etwas blaustichig (Abstammung vom Asagi) und glänzt stark. Gegenüber dem Sanke, bei dem das Sumi wie kleine Wölkchen auf dem Rücken verteilt liegt, hat man beim Showa den Eindruck, als ob es vom Bauch her nach oben wächst. Bei jungen Showa-Koi liegt das Sumi oft graublau unterlegt in den unteren Hautschichten.

IM KOPFBEREICH müssen alle drei Farben vertreten sein, wobei das Sumi meist zwei typische Zeichnungen hervorbringt. Bei der traditionellen Kopfzeichnung wird der Kopf wie von einem schwarzen Blitzstrahl getrennt.

Sanke ist im Kopfbereich die typische U-Form des Hi noch mehr gewünscht als beim Kohaku, da es etwas Ruhe in die unruhige Rückenzeichnung bringt. Sumi sollte im Kopfbereich nicht erscheinen. Auf den Brustflossen und in der Schwanzflosse sind schwarze Striche begehrt und deuten auf eine reine Sanke-Linie hin. Ob das Sumi am Körper nun großflächig (Jimbei-Linie) oder eher als zierliche Flecken erscheint, ist weniger eine Frage der Qulität als eine Sache des Geschmacks.

EINEN GUTEN SANKE-ZEICHNUNG zu erkennen ist im Grunde ganz einfach. Wenn man sich das Sumi wegdenkt, sollten die verbleibenden Farben einen guten Kohaku darstellen. Denkt man sich dagegen das Hi weg, sollte ein guter Shiro Bekko bleiben. ( S.36)

INFO

Gosanke

Der Showa zählt ebenso wie Kohaku und Sanke zu den drei „Großen", die auch als Gosanke bezeichnet werden. Gosanke sind die beliebtesten und teuersten Varianten in Japan. Ein Grand-Champion in Japan war bisher immer ein Gosanke. Nur diese drei Varianten mit Ausnahme von exzellenten Shiro Utsuri haben die Möglichkeit, auf Koi-Ausstellungen den Grand-Champion-Titel zu erhalten.

Diese Zeichnung nennt man „Menware". Bei der moderneren Form liegt das Sumi wie ein Großes V im Nacken des Koi. Idealerweise schafft ein weiteres Sumi auf der Nase einen hübschen Gegenpol. Oftmals läuft das V aber auch wie ein Y in das Gesicht über.
MOTOGURO ist ein weiteres typisches Showa-Merkmal. Dies sind die scharzen Markierungen im Ansatz der Brustflossen, besonders schön, wenn sie gleichmäßig groß ausfallen.

Varianten

KINDAI SHOWA Eine sehr elegante Showa-Variante ist der Kindai Showa. Bei diesem Koi ist die Hauptfarbe Weiß und das Sumi und Hi sind von untergeordneter Rolle. Tatsächlich werden Kindai Showa auf Wettbewerben ähnlich wie die Sanke bewertet.
WEITERE VARIANTEN dieser Variante sind Kin Showa (👁 S.32) Kage Showa und Kanoko Showa (👁 S.35) und Koromo Showa (👁 S.29). Auch beim Showa gibt es eine Tancho-Variante und eine Maruten-Variante.

Kindai Showa

Showa Sanshoku

Maruten Showa

Utsurimono

Utsuri sind Koi von schwarzer Grundfarbe mit weißer, roter oder gelber Zeichnung. Ähnlich wie beim Showa ist das Sumi in der Regel großflächig und zieht sich vom Bauch her nach oben. Utsuri mit hohem Sumi-Anteil wirken sehr plakativ. Im Kopfbereich ist besonders der das Gesicht trennende schwarze Blitzstrahl begehrt, aber auch andere Muster können sehr eindrucksvoll sein. Das Sumi sollte gleichmäßig über den ganzen Körper verteilt sein. Die Schwanzwurzel sollte nicht vollständig schwarz gefärbt sein, da es den Koi sonst optisch verkürzt.

Utsurimono-Varianten

SHIRO UTSURI Sie ist mit der schwarz-weißen Zeichnung die wichtigste und am höchsten bewertete Utsuri-Variante. Allerdings sind sehr gute Shiro Utsuri selten und kostbar. Die weiße Farbe sollte schneeweiß und ohne gelbe oder schwarze Sprenkel sein. Je besser das Weiß, umso eindrucksvoller wirkt das Sumi. Da junge Shiro Utsuri meist graubläulich verwaschen gemustert sind, ist es sehr schwierig zu erkennen, ob diese sich im Alter zu vorzüglichen Exemplaren entwickeln.

HI-UTSURI Speziell in Europa sind die schwarz-roten Hi-Utsuri sehr begehrt. Vor allem Anfänger in der Koi-Haltung suchen nach diesem Farbschlag. Allerdings gibt es auch bei dieser Variante nur wenig gute große Exemplare. Hi-Utsuri mit extremem Rot neigen dazu, im Alter viele schwarze Sprenkel (Shimi) im Rot zu bekommen. Außerdem wachsen sie relativ langsam. Ganz im Gegensatz zu den orangeroten Hi-Utsuri des Züchters Shinoda. Diese Koi sind

Shiro Utsuri

Ki-Utsuri

Hi-Utsuri

zwar als Jungfische nicht besonders attraktiv, da sie nur leicht orange-schwarz gefärbt sind. Dafür sind diese Koi aber extrem schnellwüchsig und im Alter sehr imposant.
KI-UTSURI Diese schwarz-gelben Koi sind extrem selten, da sie Zufallsprodukte bei der Produktion von Hi-Utsuri sind und nicht speziell gezüchtet werden. Eine Ausnahme: die metallisch glänzenden Kin Ki Utsuri (◎ S.32). Ki-Utsuri sollten kein karotinhaltiges Futter fressen, weil sie sonst zu orangefarbenen Hi-Utsuri umfärben.

Shiro Bekko

Aka Bekko

Ki Bekko

Bekko

Die Bekko sind im Gegensatz zu den Utsuri keine schwarz gefärbten Koi, sondern tragen eine schwarze Zeichnung auf weißem, rotem oder gelbem Grund. Die schwarzen Sumi-Flecken liegen meist wie kleine Wölkchen auf dem Körper und sollen tiefschwarz sowie kompakt sein. Im Kopfbereich ist Sumi dagegen nicht erwünscht. Allerdings kann es hier akzeptiert werden, wenn es zum Sumi des Körpers insgesamt passt. Feine schwarze Linien auf den Flossen werden geschätzt. Da die Farbe und Zeichnung der Bekko eher schlicht ist, muss die Körperform bei diesen Fischen besonders perfekt ausgebildet sein.

Bekko-Varianten

SHIRO BEKKO Das Weiß sollte schneeweiß sein. Auch der Kopf sollte möglichst weiß und nicht gelblich wirken. Der Shiro Bekko ist die meistproduzierte Bekko-Variante.

AKA BEKKO Ein Aka Bekko ist in der Jugend meist tiefrot, beim erwachsenen Exemplar aber oft nur noch orangerot. Mit intensiver Spirulina-Fütterung kann man am ehesten die Attraktivität der Färbung erhalten.

KI BEKKO Den gelben Ki Bekko findet man extrem selten und diese Exemplare sind meist auch nicht sonderlich attraktiv, da deren Sumi oftmals sprenkelig wirkt.

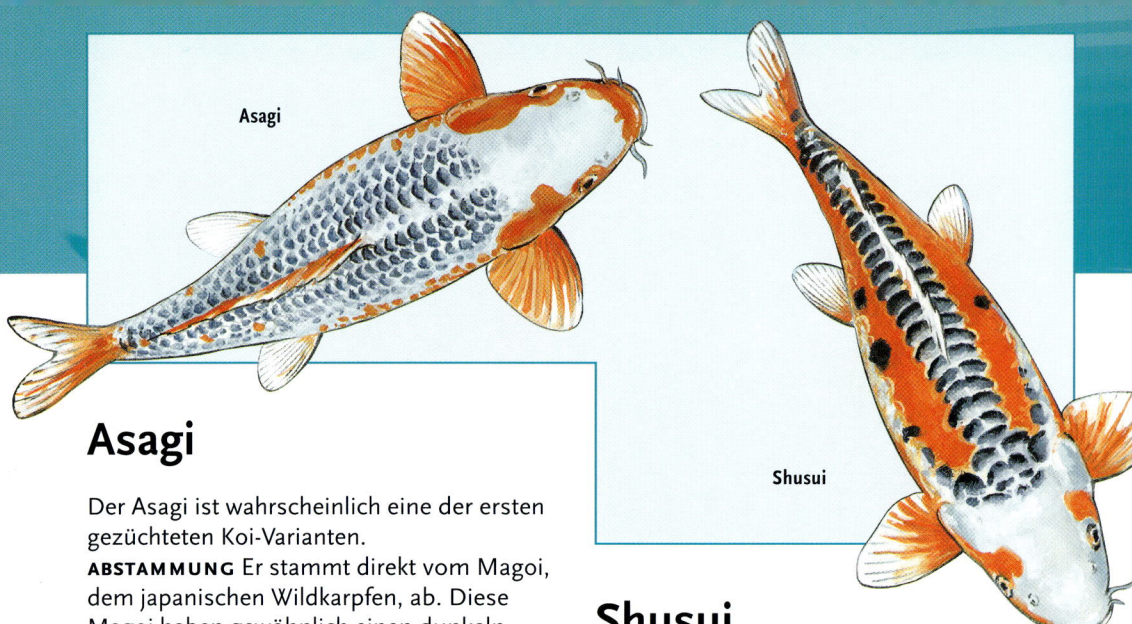

Asagi

Shusui

Asagi

Der Asagi ist wahrscheinlich eine der ersten gezüchteten Koi-Varianten.

ABSTAMMUNG Er stammt direkt vom Magoi, dem japanischen Wildkarpfen, ab. Diese Magoi haben gewöhnlich einen dunkeln braungrünen Rücken. Es finden sich aber auch Exemplare, bei denen der Rücken eher in einem dunklen Blaugrau gefärbt ist und die Schuppen an den Rändern heller wirken. Die direkte Verwandtschaft erkennt man auch an der Robustheit und Wildheit der Asagi.

ZEICHNUNG Farblich sind Asagi eher schlichte Koi, allerdings wirken gute Asagi sehr elegant und sind ein guter Kontrast zu den auffälligen Hikari-Varianten im Teich. Der Asagi sollte im Idealfall einen schön gleichmäßig beschuppten blauen Rücken haben, wobei die Schuppen durch eine helle Einrahmung besonders zur Geltung kommen und das typische Netzmuster ergeben. Der Kopf soll hell-graublau, ohne dunkle Flecken, die Wangen sollen dunkelorange oder rot eingefasst sein. Am Körper darf das Rot vom Bauch her bis zur Seitenlinie reichen. Die Flossen sollen im Ansatz rot sein. Nach japanischer Bewertung darf das Rot nicht dominant sein, europäische Koi-Halter favorisieren jedoch meist Asagi mit einem starken Rotanteil.

HI-ASAGI nennt man die Variante, wenn Rot die dominierende Farbe ist.

NARUMI-ASAGI sind Asagi mit sehr hellem Blau am Rücken. Diese edle Form ist besonders in Japan beliebt und begehrt.

Shusui

Shusui entstanden 1910 aus Kreuzungen von Asagi mit deutschen Spiegelkarpfen. Dadurch bedingt hat der Shusui die gleichen Farben wie der Asagi, allerdings auf einer **SCHUPPENLOSEN LEDERHAUT**. Auf dieser glatten Haut wirken die Farben Blau und Rot allerdings wesentlich auffälliger als beim Asagi. Speziell das Blau wirkt bei jungen Shusui oftmals regelrecht himmelblau. Leider werden Shusui mit zunehmendem Alter sehr oft dunkel. Was die Schuppung anbelangt, so tragen die traditionellen Shusui meist eine dunkelblaue Reihe großer Spiegelschuppen den Rücken entlang. Versprengt liegende einzelne Schuppen sind nicht erwünscht. Seit einigen Jahren werden aber auch Shusui gezüchtet, die komplett schuppenlos und wesentlich heller sind. Diese Koi sind nicht so auffällig, dafür aber sehr elegant und neigen im Alter nicht so sehr zum Nachdunkeln. Ebenso wie beim Asagi sollen die Köpfe hellgraublau und ohne dunkle Flecken sein. Shusui mit starkem Rotanteil werden **HI SHUSUI** oder **AKA SHUSUI** genannt. Eine sehr auffällige, aber seltene Variante ist der **PERL SHUSUI**, bei dem die großen Spiegelschuppen wunderschön silbern glänzen.

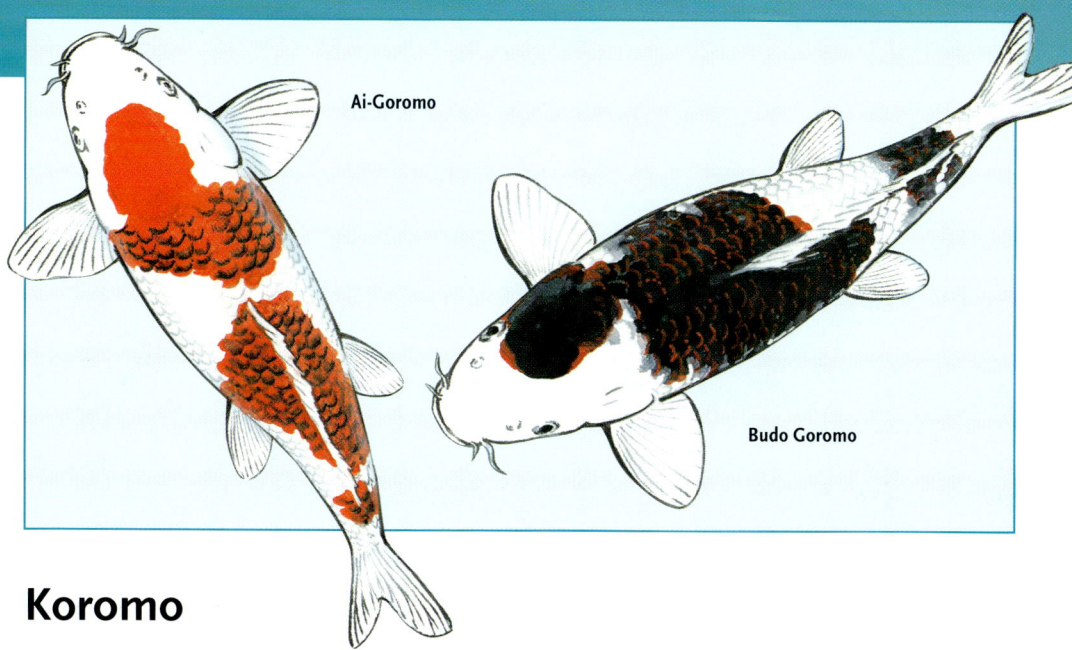

Ai-Goromo

Budo Goromo

Koromo

„Koromo" bedeutet so viel wie „gewandet" und bezieht sich nur auf das Hi-Muster. Hierbei sind die roten Schuppen dunkel umrandet oder eingefasst, was bei guten Exemplaren eine Art Netzmuster erzeugt. Koromo entstanden wahrscheinlich aus Kreuzungen zwischen Kohaku und Asagi. Es wird jedoch auch behauptet, dass bei der Zucht von Kohaku plötzlich Koromo auftauchten.

Koromo-Varianten

AI-GOROMO Dieser Koi ist der typische Vertreter der Koromo-Gruppe. Die Grundfarbe des Ai-Gormo ist weiß. Das Hi sollte möglichst dunkelrot und dicht sein. Ai-Goromo mit hellem Hi oder Orange wirken langweilig. Bei jungen Ai-Goromo ist die Dunkelfärbung der Schuppen oft nur zu erahnen. Man denkt eher an einen Kohaku mit verwaschenem gräulichem Hi. Erst im Alter prägt sich die Einfassung der Schuppen richtig aus. Jungfische, die schon ein perfektes Netzmuster tragen, sind zu früh ausgebildet und wirken im Alter unschön verwaschen. Kopfzeichnung und Rückenmusterung sollen dem eines guten Kohaku entsprechen. Die Flossen sollen

bei allen Koromo- Varianten komplett weiß sein, beim Ai-Goromo allerdings wird Rot in den Ansätzen der Brustflossen noch toleriert.

SUMI-GOROMO Bei dieser Variante sind die Hi-Flecken dunkel überlagert, teilweise fast schwarz, was einen sehr guten Kontrast zur weißen Grundfarbe ergibt. Speziell Anfänger in der Koi-Haltung wählen eher einen durchschnittlich gefärbten Sumi-Goromo als einen guten Ai-Goromo. Diese Koi wirken sehr plakativ und auffällig, haben dafür aber nicht das edle Netzmuster eines Ai-Goromo.

BUDO GOROMO Das Wort „Budo" bedeutet so viel wie „Trauben", was sich sowohl auf das Muster als auch die Farbe dunkler Weintrauben bezieht. In der Tat hat man bei guten Budo Goromo den Eindruck, als ob die Zeichnung aus Ansammlungen roter Weintrauben besteht. Das bordeauxfarbene Muster muss sich dabei klar vom schneeweißen Grund abgrenzen.

WEITERE SPIELARTEN sind Koromo Sanke und Koromo Showa. Bei diesen Varianten ist das Hi jeweils mit dem typischen Koromo-Muster überlagert. Gute Exemplare sind sehr selten und dementsprechend teuer.

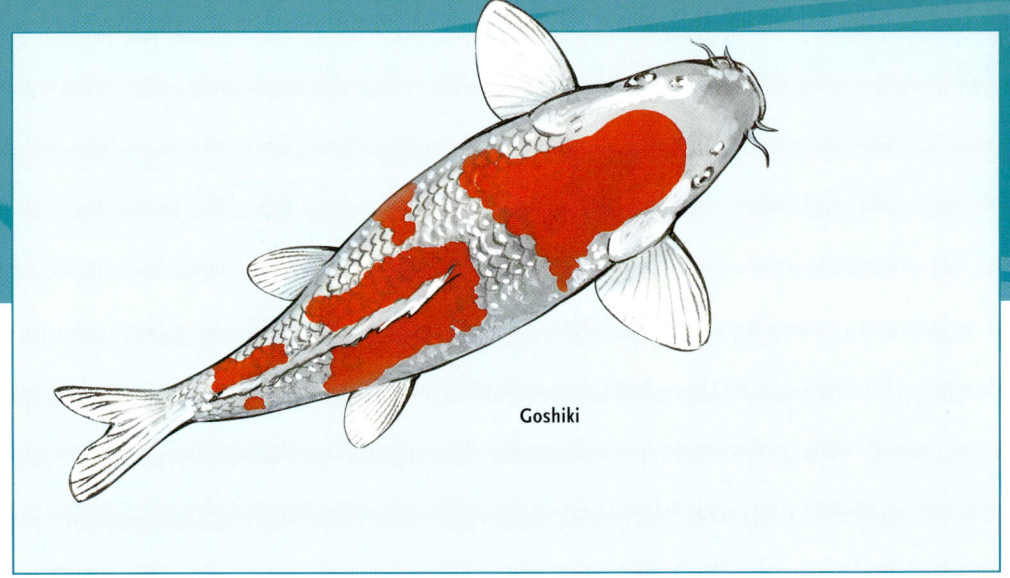

Goshiki

Goshiki

Vormals in der Gruppe der Kawarimono vertreten, werden Goshiki heute aufgrund ihrer großen Variantenvielfalt als eigene Gruppe auf Ausstellungen bewertet. „Goshiki" bedeutet „Fünf Farben". Tatsächlich: Die rote ZEICHNUNG auf grauem Grund setzt sich aus den Farben Rot, Schwarz, Weiß, Blau und Dunkelblau zusammen, da der Goshiki aus der Kreuzung Asagi mit Aka Sanke entstand. Auch bei dieser Variante soll die rote Zeichnung ähnlich wie beim Kohaku angelegt und möglichst tiefrot sein. Die Grundfarbe reicht vom hellen Grau bis Dunkelgrau-Schwarz. Speziell schwarzgrundige Goshiki mit tiefroter Zeichnung sehen fantastisch aus und haben schon so manchen Koi-Sammler dazu gebracht, weit mehr Geld für diese Fische auszugeben als ursprünglich geplant war. Goshiki werden in der Regel speziell gezüchtet, treten aber auch immer wieder bei der Produktion von Koromo auf. Außerdem verändern sich immer wieder Ai-Goromo zu Goshiki, indem ihre weiße Grundfarbe grau wird. Dies passiert vor allem in Wasser, welches die schwarze Färbung der Koi fördert.

Hikarimono

Die Bezeichnung „Hikarimono" setzt sich aus den Begriffen „Hikari" (metallisch glänzend) und „mono" (einfarbig) zusammen. Wichtigste Vertreter dieser Variante sind die einfarbig weiß, gelb oder orange gefärbten Ogon. Trotz ihrer einfachen Färbung ohne jegliche Zeichnung gehört mindestens ein Exemplar jeder dieser Varianten in einen Koi-Teich. Sie lockern den meist von roter Farbe dominierten Koi-Schwarm angenehm auf. Wichtig bei diesen Koi ist die gleichmäßig einheitliche Färbung von der Nasenspitze über den Rücken bis hin zum Schwanzende ohne Sprenkel oder Einfärbungen. Vor allem der Kopf muss makellos sein. Die Haut und Flossen sollten stark metallisch glänzen. Die großen runden Brustflossen der männlichen Tiere lassen diese wie im Wasser schwebende Schmetterlinge erscheinen.

BESCHUPPUNG Sehr wichtig ist auch die als Fukurin bezeichnete Beschuppung. Dabei liegt jede Schuppe so tief in einer Hauttasche, dass nur noch ein Drittel der Schuppe sichtbar ist, und die Schuppe von der Haut wie eingerahmt wirkt (⬤ S.28).

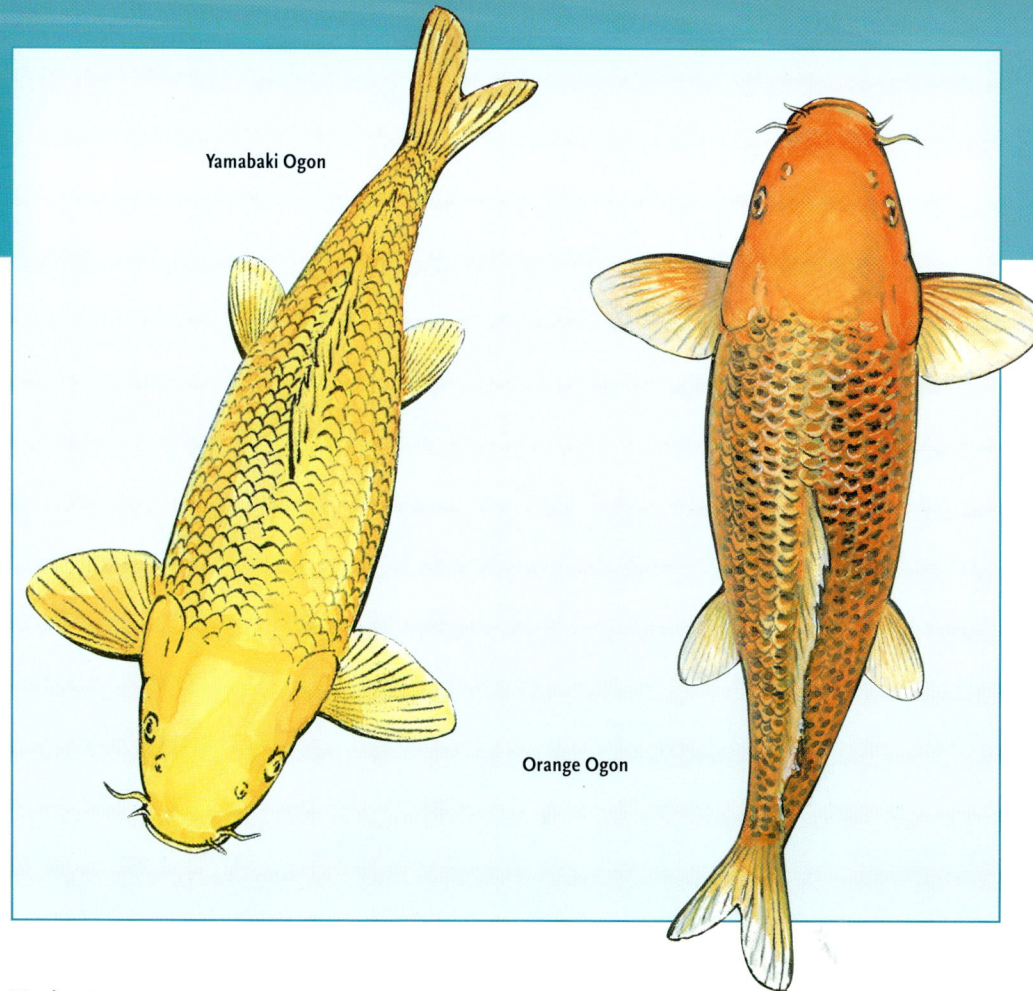

Yamabaki Ogon

Orange Ogon

Varianten

YAMABUKI OGON Beliebtester Vertreter dieser Hakarimono-Gruppe ist der intensiv gelb gefärbte Yamabuki Ogon. Speziell bei hohen Wassertemperaturen ist diese Koi-Variante besonders schön und die Haut hat einen fantastischen Glanz. Im kalten Wasser oder nach dem Import erscheinen Yamabuki dagegen eher fahl und unscheinbar.

PLATIN OGON Die weiß bis silbern gefärbten wunderschönen Platin Ogon werden auch als Platinum oder Purachina (gesprochen Pratschina) bezeichnet. Sie sind in ihrer Farbe oftmals so intensiv, dass sie auf den Betrachter eher unirdisch und feenhaft wirken und nicht wie ein natürliches Lebewesen.

ORANGE OGON sind als kleine Koi meist nicht besonders auffällig. Haben diese Koi aber eine gute Ginrin-Beschuppung (◉ S.37) und außerdem eine Größe von mehr als 70 cm, wirken sie sehr eindrucksvoll. Zudem sind sie ebenfalls wie der Yamabuki Ogon sehr schnellwüchsige Tiere.

GIN MATSUBA und **KIN MATSUBA** sind einfarbig metallische Koi. Der sichtbare Teil der Schuppe hebt sich als dunkler Fleck von der weißen, gelben oder orangeroten Haut ab und erzeugt so ein Netzmuster am Rücken, welches möglichst weit an den Flanken herabreichen soll. Weiß gefärbte Exemplare nennt man Gin-Matsuba, gelbe Kin-Matsuba.

Kin Showa

Kin Ki Utsuri

Hikariutsurimono

Zu dieser Gruppe zählen alle metallisch gefärbten Utsuri und Showa. Diese Koi entstanden aus Kreuzungen mit Ogons. Aufgrund der Metallicfärbung sind die Farben nicht so deutlich ausgeprägt. So wirkt das Hi nicht rot, sondern orange-braun und das Sumi ist meist verwaschen rauchschwarz.

Gut gefärbte Exemplare sind aber dennoch sehr eindrucksvoll. Bei diesen Varianten gelten die gleichen Kriterien wie bei ihren Verwandten ohne Metallic-Glanz (◉ Showa Sanshoku S.23 und Utsuri S.25).
BEKANNTESTE VERTRETER dieser Variante sind der Kin Showa und der Kin Hi Utsuri. Die sil-

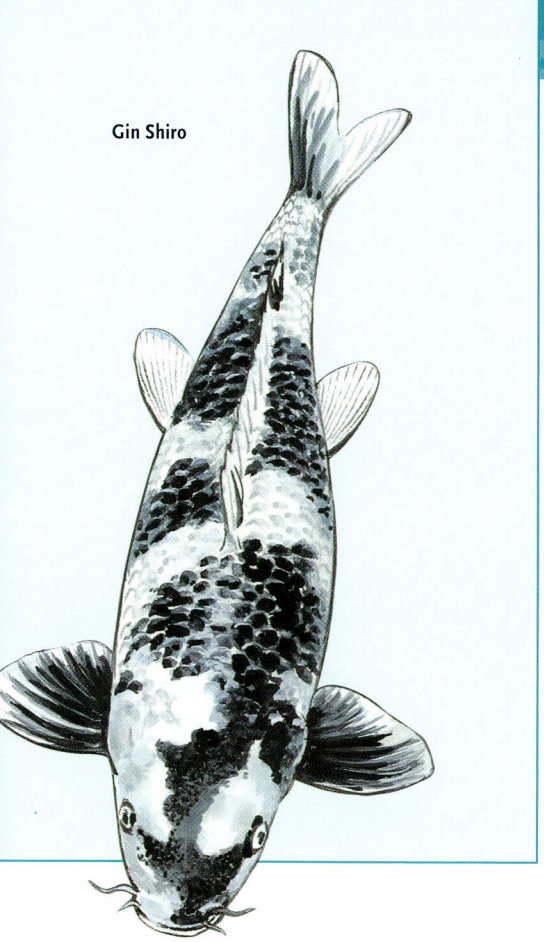

Gin Shiro

Hikarimoyo-mono

Zu dieser Einteilung gehören alle mehrfarbig metallischen Koi, die nicht von Utsuri- und Showa-Linien abstammen. Diese Koi sind sehr populär und werden als Baby-Koi ganz besonders von Anfängern favorisiert. Man unterscheidet:

Zwei Hikarimoyo-mono-Gruppen

HARIWAKE Koi dieser Variante tragen auf weißer Grundfarbe eine gelbe, goldene oder orangefarbene Zeichnung. Wichtigster Vertreter ist wohl der Kikusui. Dies ist eine Doitsu-Variante (◉ Doitsu, S.37) mit einer möglichst dunkelorangener Zeichnung auf einem schneeweißem Grund. Auch die Hariwake Ogon mit zitronengelber Zeichnung auf weißem Grund sind sehr gefragt, sie färben aber bei karotinhaltigem Futter um zu Orange. Beim Hariwake Matsuba trägt noch jede Schuppe einen dunklen Punkt, wie ein Gin oder Kin Matsuba (◉ S.31)

KUJAKU und der YAMATONISHIKI gehören zur zweiten Hikarimoyo-mono-Gruppe. Der Yamatonishiki ist ein Sanke mit metallischem Glanz. Der Kujaku entspricht einem zweifarbigen Koi mit ausgeprägter Matsuba-Schuppung. Im Gegensatz zum Hariwake Matsuba ist der Kujaku wesentlich dunkler in seiner orange bis braunroten Zeichnung. Große Exemplare mit einer ausgeprägten dunklen Matsuba-Beschuppung und einer schneeweißen Grundfarbe bieten einen fantastischen Anblick im Koi-Teich.

berfarbenen Gin Shiro sieht man dagegen eher selten in guter Qualität. Beeindruckende Koi sind intensiv gelb gefärbte Kin Ki Utsuri. Allerdings darf man diesen Koi kein farbverstärkendes Futter füttern, da sie sonst zu orangen Kin Hi Utsuri umfärben und anschließend auch nicht mehr gelb werden.

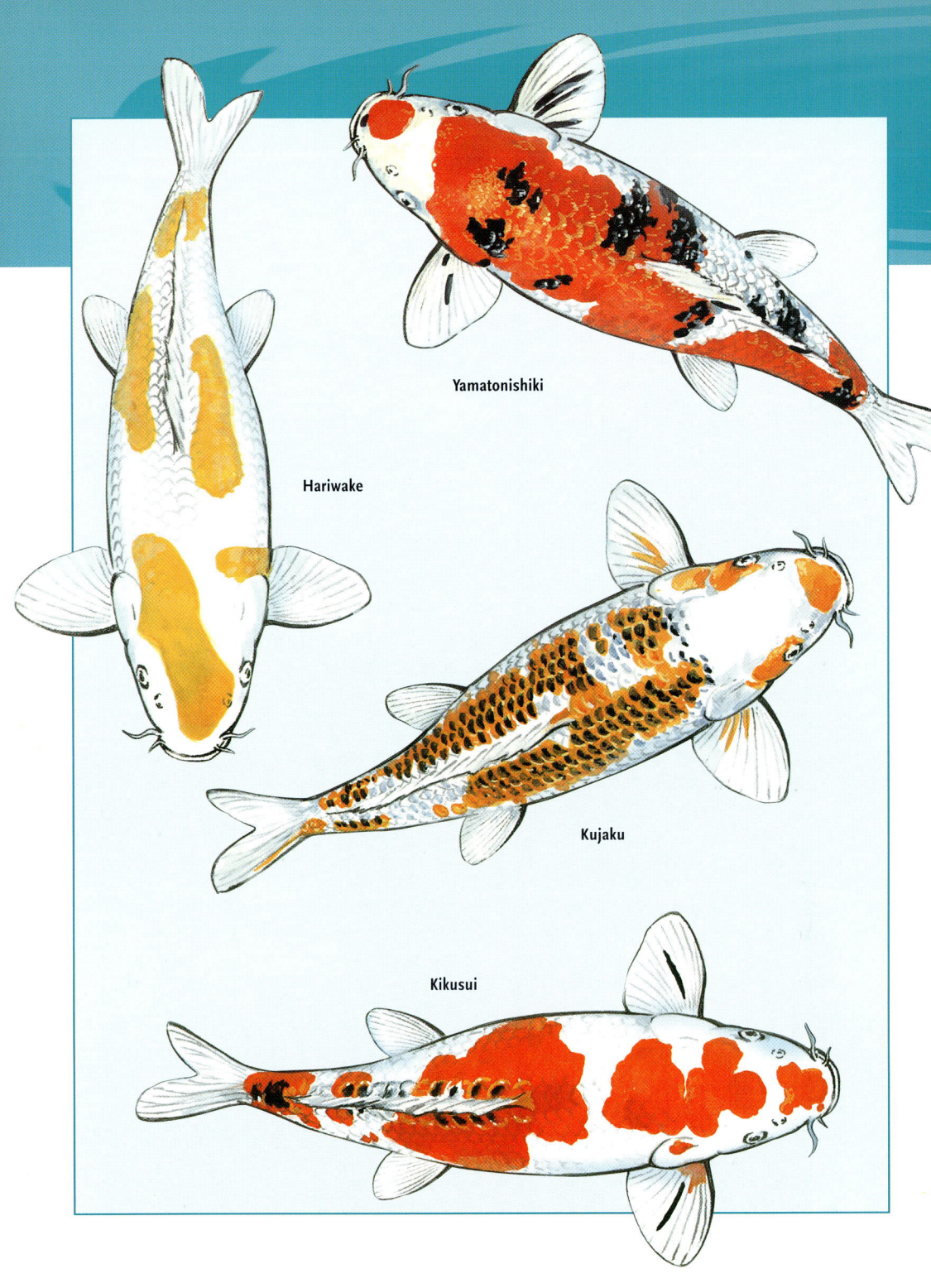

Yamatonishiki

Hariwake

Kujaku

Kikusui

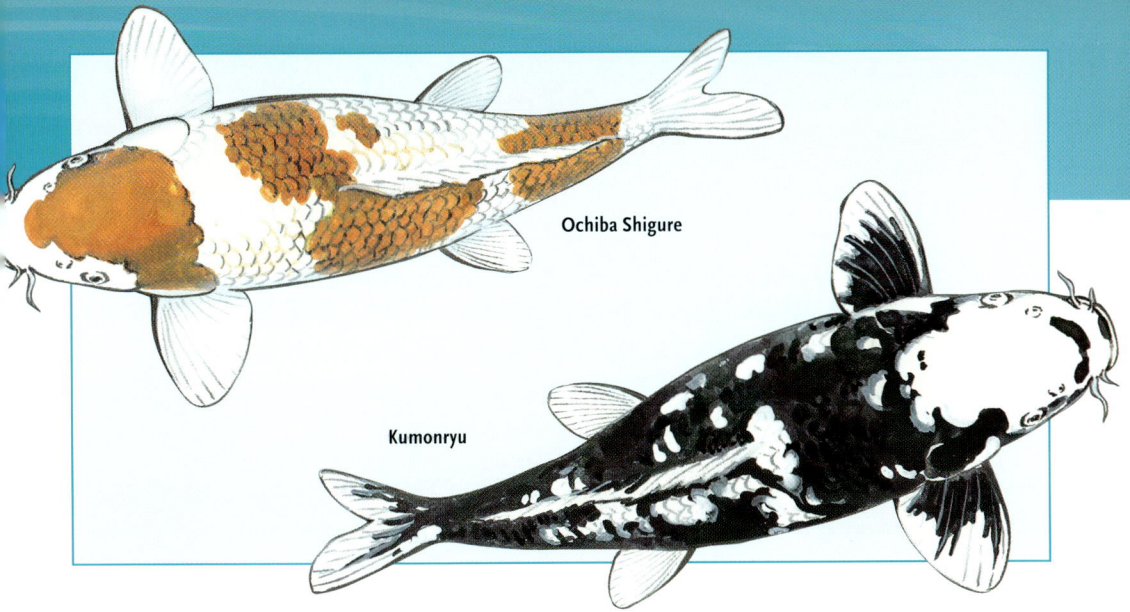

Ochiba Shigure

Kumonryu

Kawarimono

In die Gruppe der Kawarimono gehören alle
Koi ohne Metallic-Färbung, die nicht in eine
der bisher genannten Klassifizierungen fallen. Die wahrscheinlich bekanntesten und
beliebtesten Vertreter dieser Gruppe sind die

Chagoi-Varianten
„Cha" bedeutet „braun", und im ersten Moment erscheinen diese Koi nicht sonderlich
attraktiv. Wer aber einmal richtig imposante
Exemplare der Chagoi, Soragoi (grau) oder
Ochiba Shigure (braungrau) gesehen hat,
wird schnell seine Meinung revidieren.Diese
Koi sind ständig hungrig. Daher wachsen sie
bei entsprechendem Nahrungsangebot
schnell zu imposanten Größen heran. So
sind Chagoi mit 80 cm Länge nichts Außer-
gewöhnliches. Außerdem sind sie besonders
leicht zu zähmen (◉ S.12). Die Braunfärbun-
gen reichen von safrangelb (Kigoi) über hell-
braun, schokobraun bis fast violett. Speziell
in warmem Wasser entfalten diese Koi ihre
volle Farbenpracht. Im kalten Wasser sind sie
eher unscheinbar. Weitere Vertreter in der
Kawarimono-Gruppe sind die diversen
schwarz gefärbten Koi:

Schwarz gefärbte Koi
KARASUGOI Karasu bedeutet „Krähe". Dieser
Koi ist komplett schwarz gefärbt.
HAJIRO Dieser Koi ist schwarz gefärbt, bis auf
die weißen Flossenränder.
YOTSUSHIRO Ein schwarzer Koi mit weißem
Kopf und weißen Brustflossen.

Kumonryu
Der Kumonryu ist nach den Chagoi-Varianten
die beliebteste Sorte in der Kawarimono-
Gruppe. Kumonryu sind schwarz-weiße,
manchmal auch schwarz-blauweiße Doitsu-
Koi (◉ Doitsu S.37) ohne Schuppen oder mit
großen Spiegelschuppen. Wegen des starken
Kontrastes zwischen den einzelnen Farben
können diese Koi sehr attraktiv sein. Allerdings besteht bei Kumonryus auch die Gefahr, dass sie sich je nach Wasserbeschaffen-
heit komplett schwarz oder weiß färben.

Weitere Kawarimono-Vertreter
Weitere Vertreter dieser Variante sind die
diversen Kage Utsuri, Kage Showa, Kanoku-
Varianten, diverse Matsuba ohne Metallic-
Beschuppung, Benigoi und Midorigoi.

Tancho Kohaku

Tancho Showa

Tancho Sanke

Tancho

So bezeichnet man die Gosanke-Varianten wie Kohaku, Sanke und Showa, wenn deren einzige rote Zeichnung ein roter Fleck auf dem Kopf ist. Demzufolge spricht man von Tancho Kohaku, Tancho Sanke oder Tancho Showa. Tragen diese Koi zusätzlich zu ihrem roten Kopffleck noch weitere rote Markierungen am Körper, nennt man sie Maruten. **DER KOPFFLECK** sollte dunkelrot sein, nicht über die Augen reichen und in der Mitte des Kopfes liegen. Ob der Fleck nun kreisrund, herzförmig oder rautenförmig sein soll, bleibt dem persönlichen Geschmack überlassen. Die weiße Grundfarbe sollte makellos und schneeweiß sein. Da aber speziell Tancho Kohaku sehr stressanfällig sind, wirkt deren weiße Haut oft rosafarben. Das Sumi sollte wie beim Sanke oder Showa tiefschwarz sein. Der Tancho Sanke sollte kein Sumi auf dem Kopf haben, beim Tancho Showa wird der rote Kopffleck manchmal von Schwarz durchbrochen, was sehr gut aussehen kann. **DIE FLOSSEN** müssen beim Tancho Kohaku rein weiß sein. Beim Tancho Sanke können die Flossen schwarze Streifen aufweisen und beim Tancho Showa sollte das Motoguro, eine schwarze Zeichnung im Ansatz der Brustflossen, vorhanden sein.

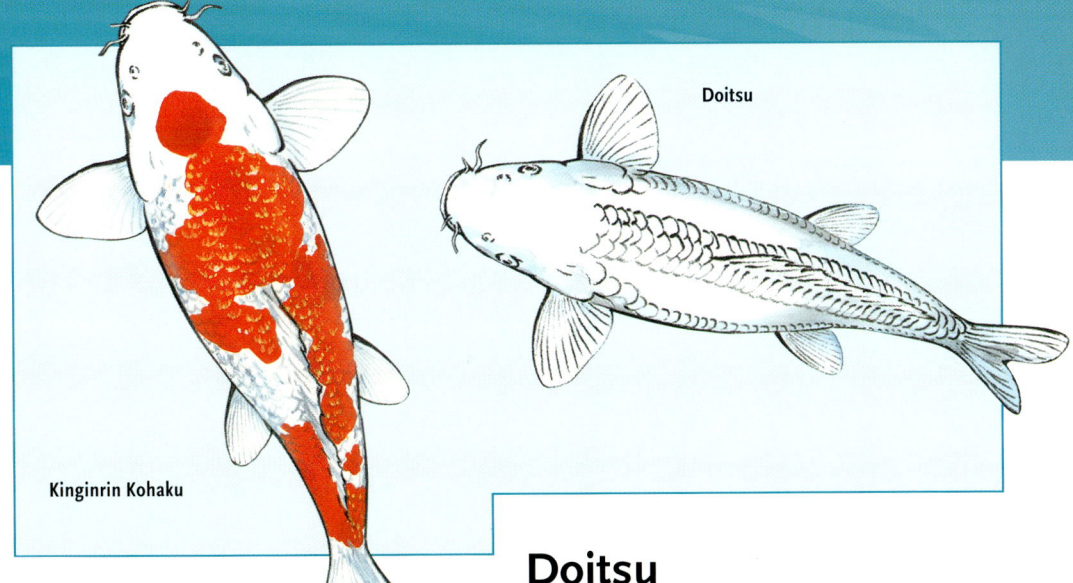

Doitsu

Kinginrin Kohaku

Kinginrin

Kinginrin bezeichnet eine spezielle Art der
Beschuppung. Hierbei wurde durch Züch-
tung erreicht, dass die in der Haut liegende
Guanin-Kristalle sichtbar werden. So erscheinen die speziellen Ginrin-Schuppen wie mit
Diamantsplittern bedeckt. Diese Art der Beschuppung ist praktisch bei jeder Koi-Variante möglich, allerdings bezeichnet man nur
Exemplare mit mindestens 20 Ginrin-Schuppen als Ginrin-Varietät. Diese Koi heißen
dann beispielsweise Ginrin Kohaku, Ginrin
Sanke, Ginrin Yamabuki usw. Je nach Farbe
der Schuppen wirkt das Ginrin auf rotem
Grund goldfarben, auf schwarzem und
weißem Grund silbern glänzend.

MEHRERE GINRIN-SCHUPPENARTEN werden
unterschieden. Die bekannteste und attraktivste ist das Beta Ginrin. Bei diesem Typus
glänzt die komplette Schuppenoberfläche.
Beim Kado Ginrin schimmern nur die Schup-
penränder. Eine sehr attraktive, aber seltene
Art der Beschuppung ist das Pearl Ginrin.
Hier befindet sich auf jeder Schuppe ein perl-
muttartiger runder Punkt, was speziell bei
jugendlichen Koi sehr attraktiv wirkt.

Doitsu

Als Doitsu bezeichnet man keine besondere
Farbvariante, sondern eine weitere besondere
Art der Beschuppung. So sind der europäische Wildkarpfen und auch die ursprünglich
in Japan gezüchteten Varianten voll be-
schuppte Fische.Im Mittelalter begannen
deutsche Mönche mit der Zucht von Karpfen
ohne oder nur mit wenigen Schuppen. Das
Ergebnis war der Spiegelkarpfen. 1904 ge-
langten erstmals deutsche Spiegelkarpfen
nach Japan, welche dort mit den farbigen Koi
gekreuzt wurden, daher der Name Doitsu:
Deutscher. Inzwischen gibt es praktisch von
jeder Farbvariante auch Doitsu-Beschuppun-
gen. Diese Fische werden beispielsweise als
Doitsu Sanke, Doitsu Showa usw. bezeichnet.
(Ausnahmen sind Shusui, Doitsu-Form von
Asagi, und Kumonryu, Doitsu-Form von Yot-
su Shiro). Die typischen Doitsu sind am Körper schuppenlos, nur entlang der Rückenflosse findet sich beidseits eine Reihe kleiner
Schuppen. Eine weitere attraktive Variante ist
die Form des Zeilkarpfen. Diese haben eine
Reihe großer Schuppen am Rücken entlang
und manchmal auch an den Flanken. Doitsu
mit kreuz und quer versprengt liegenden
Spiegelschuppen sind nicht sehr begehrt.

KOI-KULTUR IST AUCH GARTENKULTUR

*Koi-Kultur ist immer auch Gartenkultur. Wer
Koi hält, möchte sich mit ihnen beschäftigen,
sie in den Mittelpunkt des Gartens rücken und
ihnen den entsprechenden Rahmen geben, damit ihre Schönheit richtig zur Geltung kommt.
Lassen Sie sich inspirieren von den Koiteichen
und Gartenanlagen in diesem Buch.*

Der japanische Garten

Das griechische Wort „paradeisos" bedeutet
ursprünglich „Park". Der noch ältere persi-
sche Begriff „pairi-daezo" bedeutet schlicht
„Einfriedung". Ein Paradies ist also seiner
ursprünglichen Bedeutung nach vom Menschen geschaffene Natur, also ein Garten.

Gestaltete Natur
Ein typisches Bild geschaffener Natur vermit-
teln japanische Gärten. Die zwei wichtigsten
Gestaltungselemente in japanischen Gärten
sind das Rechteck und die natürliche unregelmäßige Form. Das Spannungsfeld aus beiden Elementen verdeutlicht die Schönheit
der Komposition. Die Elemente sollten sparsam angewendet und sorgfältig ausgesucht
werden, damit ein harmonisches und doch
spannungsreiches Bild erzeugt werden kann.
Historische japanische Gärten sind von be-
sonderem, nicht sogleich fassbarem Reiz. Sie
wirken sehr ästhetisch. Sogar die Bäume werden in Form gebracht und nichts ist dem
Zufall überlassen. Trotzdem muten sie natürlich und perfekt zugleich an. Das Ziel ist die
präzise Wiedergabe landschaftlicher Schönheit in entsprechender Verkleinerung.
GESTALTUNGSELEMENTE Unverzichtbar in
japanischen Gärten sind Steine bis zu Fels-
brockengröße, die der Gartenlandschaft eine

Eine streng gestaltete japanischen Gartenanlage mit einem Bachlauf als Rahmen für einen Koi-Teich.

natürliche Prägung geben. Eine abwechslungsreiche Landschaft mit Bergen, Hügeln und Seen ist auf jeden Fall attraktiver denn ein flaches Stück Grasland. Die Japaner sind leidenschaftliche Bewunderer von Naturästhetik. Das kann eine besonders schön gewachsene Pflanze sein, ein geschwungener Bachlauf, ein Berg oder einfach ein Stein, eine Blüte. Aber auch zauberhafte Szenerien, die eine klare Vollmondnacht schaffen kann, sind eine nächtliche Bootsfahrt auf einem schönen See wert. Zur Kirschblütenzeit zum Beispiel besuchen die Japaner die schönsten Gärten und Parks, um dieses Ereignis gebührend zu feiern. Der Herbst lockt mit brillanten Farbspielen. Welch wunderbarer Rahmen für majestätische Koi!

Geomantie im Garten und Historie

CHINESISCHE EINFLÜSSE Japanische Gartengestaltung unterliegt in den Anfängen dem Einfluss chinesischer Gartenarchitektur. Viele Gärten wurden nach den Regeln der chinesischen Geomantie in die Landschaft eingeordnet. Die sino-japanische Geomantie beruht auf einem holistischen Verständnis des Kosmos, in dem der Mensch als ein integraler Bestandteil der Natur und ihrer Energiefelder angesehen wird, letztlich die Erkenntnis der ökologischen Beziehung zwischen dem Menschen und den Kräften der Natur. Diese Naturwissenschaft ist in China auch bekannt als Feng-Shui (wörtlich Wind-Wasser), in Japan nennt man sie chiso (Physiognomie des Landes) oder kaso (Physiognomie des Hauses). Die Geomantie baut auf der Erkenntnis der aller Realität zugrunde liegenden energetischen Qualität auf, eine Erkenntnis, die der Westen erst mit Hilfe der modernen Physik erlangen konnte.

Frühe Zeugnisse

Eine japansiche Chronik aus dem Jahre
720, der Nihon shoki, gibt uns Hinweise
auf eine frühe Gartenkultur. Zum Beispiel:
Im Frühjahr des Jahres 74 „setzte Kaiser
Keiko im Garten seiner Residenz, des
Kuguri-Palastes, einige Karpfen im Teich
aus und erfreute sich morgens und
abends ihres Anblicks".

Steine sind wichtige Gestaltungselemente in japanischen
Gärten. Dieser Koi-Teich wird durch eine hübsche Steinlaterne noch attraktiver.

ZAUBERHAFTE PALASTGÄRTEN Die archai-
schen Palastgärten waren von beeindrucken-
der Größe und so angelegt, dass sich die
vollkommene Schönheit der Anlage erst bei
einer Bootsfahrt vom Wasser aus erschloss.
Die Teiche waren oft Abbilder besonders
schöner Meeresteile mit Inseln, wobei die
Anordnung der Inseln und die ganze Gartenanlage bestimmten mythologischen Regeln
unterworfen war. Das Sakutei-ki ist das älteste erhaltene Dokument über Gartenkunst
und stammt aus dem 11. Jahrhundert. Dort
heißt es in einer Beschreibung der Gärten der
Heian-Zeit: „Glück verheißt es, wenn man
das Wasser von Osten her unter dem Haus
hinweg in den Garten leitet und es im Süd-
westen wieder aus dem Garten austreten
lässt. Denn so wird das Wasser des Blauen

Gestaltungsregeln

Das Sakutei-ki liefert eine wunderschöne Erklärung für den besonderen Zauber japanischer Gärten. Dort heißt es: „Dies sind die Grundregeln für das Errichten von Steinen:

▶ Gestalte den Teichumriss mit Gefühl für seine Lage im Land. Folge dabei seinen Bitten. Beachte die Atmosphäre der Orte, die sich für den Gartenbau anbieten. Bedenke, wie die Natur Berg- und Wasserszenen gestaltet, und umkreise solche natürlichen Szenen mit deinen Gedanken.

▶ Wenn du die Gärten berühmter alter Meister nachahmst, vergiss nicht zu bedenken, dass ihr Zweck ein anderer war, und gestalte deine Nachahmung nach deinem eigenen persönlichen Geschmack.

▶ Wenn du dich mit deinem Garten an berühmten Naturschönheiten anderer Länder orientieren willst, versuche dir ihre Schönheit anzuverwandeln und lass ihren Gesamteindruck in deinem Garten zum Vorschein kommen, ohne dich sklavisch an die Details zu halten. So sollte man Steine errichten und in Harmonie bringen."

Diese Grundregeln gelten für alle Elemente des Gartens und nennen sich „Kohan ni shitagau", was so viel heißt wie „einer Bitte Folge leisten". Man sollte demnach den Bitten eines Steines, Bachlaufes oder eines Teiches Folge leisten, indem man die Komposition der Anlage auf diesen ersten vorgefundenen oder gesetzten Gegenstand hin abstimmt. In der Heian-Zeit galten Steine und andere Gartenelemente als Wesen mit einer eigenen Persönlichkeit, die man mit Liebe und Respekt behandelte. Das Ergebnis dieser Grundregeln sind sensibel und behutsam gestaltete Gartenanlagen, die so viel Harmonie ausstrahlen, dass man in ihnen wunderbar entspannen und zur Ruhe kommen kann.

Drachen alle bösen Geister von Haus und Garten mitschwemmen und sie zum weißen Tiger bringen." Da in Japan zu den meisten öffentlichen Parks und Tempel- und Palastgärten wunderschön gestaltete Teichlandschaften gehören, in denen sehr oft Koi leben, ist für den Japaner der Koi eher ein wichtiges, aber gewohntes Detail im Gartenkosmos und wird nicht nur als Statussymbol gesehen. Dazu gehört der Koi schon zu lange zur Gartenhistorie.

Ruheoase Koi-Teich

Platz findet sich immer

Ein Koi-Teich bietet viele Möglichkeiten, die Lebensqualität zu verbessern. Es gibt wohl kaum etwas Attraktiveres, um aus einem Grundstück etwas ganz Besonderes zu machen, als einen Teich. Die Größe des Grundstücks ist dabei nicht ausschlaggebend. Man kann durchaus in einem Reihenhausgarten einen ausreichend großen Teich einbauen, in dem man sogar noch schwimmen kann. Sie sollten sich allerdings vorher duschen, damit die Fische zum Beispiel durch eingebrachte Sonnenöle keinen Schaden erleiden. Die Filtertechnik kann dabei in einem Kellerraum oder unter der Terrasse installiert werden. Oder wie wäre es mit einem Japangarten mit interessanter Felsenlandschaft? Auch das ist auf relativ kleinem Raum zu verwirklichen. Oder wenn Sie zu den Glücklichen mit großem Grundstück gehören, können Sie eine Teichlandschaft mit verbundenen Teichen bauen, in denen sich die Koi so richtig ausschwimmen können.

Entspannung am Wasser

Egal wie Sie sich entscheiden, ein Gewinn ist so ein Teich immer. Unser Leben im Garten ist immer mit unserem Koi-Teich verbunden. Die Terrasse schließt an den Teich an. Das sanfte Geplätscher des kleinen Wasserfalls ist allgegenwärtig und sorgt Tag und Nacht für Entspannung. Kein Zweifel, so ein Wassergarten hat einen Reiz, dem man sich nicht entziehen kann. Er ist Balsam für gestresste Seelen. Das Geräusch plätschernden Wassers und der Anblick ruhig dahinziehender Fische beruhigen augenblicklich. Sie merken, wie die Atmung regelmäßiger, tiefer und der Herz-

An einem solchen harmonisch gestalteten Koi-Teich lässt es sich wunderbar entspannen und zur Ruhe kommen.

schlag ruhiger wird. Besucher meinen einhellig: Bei euch fühlt man sich wie im Urlaub. Zugegeben: Ein gut funktionierender Koi-Teich erfordert einiges an Aufwand, genau

wie ein nach ästhetischen Gesichtspunkten gestalteter Garten. Aber gibt es etwas Schöneres als ein ganzjähriges Urlaubsgebiet direkt vor der Haustür? Ein Wassergarten sorgt für bessere Luftqualität, und Wasserplätschern verdrängt unliebsame Geräusche aus der Nachbarschaft. Eigentlich eine super Therapie für gestresste Großstadtmenschen.

Ein leuchtender Rhododendron setzt Farbakzente am Teich.

Ein Koi-Teich gibt einer Gartenanlage ein herrschaftliches Gepräge und man sollte dies nutzen, um etwas ganz Besonderes aus seinem Garten zu machen. Welche Pflanzen dabei zum Einsatz kommen können, erfahren Sie nun.

Pflanzen stilvoll einsetzen

Mit Steinen und Bäumen gestalten

Da Koi sehr farbenprächtige Fische sind, sollte man ihnen einen farblich ruhigen Hintergrund bieten. Die Japaner bilden gerne besonders stimmungsvolle Landschaften nach und setzen Pflanzen eher sparsam ein. Steine und Felsen sind hier die Hauptgestaltungselemente. Dafür wirken diese Teiche auch sehr stilvoll und natürlich. In Japan formt man nicht nur Bonsai, sondern auch große Bäume innerhalb eines rundzeltartigen Gerüstes, bis sie die erwünschte Gestalt erreicht haben. Die Nadeln der Kiefern werden dabei teilweise entfernt, sodass sie nur an den jüngeren Ästchen verbleiben. Der Baum wird so klarer in der Struktur und wirkt älter. Außer-

augenfälligsten Vorteile: kein Laubfall im Herbst und meist gute Formbarkeit. Von den Laubbäumen kommt trotzdem ein Baum gern zum Einsatz: der Fächerahorn. Besonders schön sind Koniferen, allen voran die japanischen Kiefern. Ideale Begleiter für schattige Teichränder sind Farne. Es gibt Spezialgärtnereien, die die richtigen Pflanzen für Ihren Garten bereithalten.

Es muss kein Japangarten sein

Aber Ihr Garten muss nicht japanisch geprägt sein. Sie können auch ganz andere Themen bei der Bepflanzung wählen. Das ist abhängig von der Lage Ihres Gartens und der Bodenbeschaffenheit. Die folgende Pflanzenliste ist nur eine kleine und nicht vollständige Auswahl für einen Themengarten, der selbstverständlich nach eigenem Geschmack ergänzt und verändert werden kann. Denkbar wäre auch ein ruhiger Heidegarten mit markanten Steinsetzungen. Je nach Lage kann man einer bestimmten Pflanzengruppe den Vorzug geben, zum Beispiel Rhododendren und Farnen bei vollschattigen Lagen. Bei sonnigen Lagen eignen sich Gräser und Koniferen, die Trockenheit vertragen, beispielsweise Wacholder. Ihrer Fantasie sind da natürlich keine Grenzen gesetzt. Sinnvoll ist sicher die Beratung durch einen Fachmann, der auf die individuellen Bedürfnisse eingehen kann. So erspart man sich unter Umständen teure Fehlschläge, wenn die Pflanzen mit dem Boden nicht harmonieren. Da Unterwasserpflanzen für einen Koiteich nicht so günstig sind wegen der problematischen Sauerstoffschwankungen (◉ S.71), beschränken wir uns auf die Auswahl von Pflanzen rund um den Teich. Sie bilden den optischen Rahmen für Ihre Koi.

dem kann man über die Gestaltung der Bäume das Landschaftsthema verdeutlichen. Wenn man zum Beispiel eine klimatisch raue Meeresbucht darstellen will, werden die geeigneten Bäume in eine Richtung gebogen und fixiert, sodass der Eindruck entsteht, sie seien durch ständigen Sturm in diese Wuchsrichtung gezwungen worden. Diese Art der Gartengestaltung ist sehr apart, aber auch arbeitsintensiv und verlangt außerdem großes gärtnerisches Können.

Pflanzen für ein asiatisches Flair

Nicht jeder hat die Möglichkeit, eine Felslandschaft in seinen Garten zu integrieren, möchte aber trotzdem ein asiatisches Flair. Hierfür gibt es eine Menge Pflanzen, die man je nach Lage wirkungsvoll einsetzen kann. Am ergiebigsten ist sicherlich die Gruppe der immergrünen Stauden und Gehölze. Die

Rhododendron
Rhododendron

ALLGEMEINES Wunderschöne Pflanzen für den Schattenbereich. Sie blühen im Mai bis Juni in fantastischen Farben, wobei das dunkle Laub einen aparten Kontrast bildet. Es gibt unzählige Sorten, am besten in Spezialgärtnereien nachfragen.
HÖHE Bis ca. 3 m.
STANDORT Halbschatten bis Schatten.
BODEN Sauer und durchlässig.
BESONDERHEIT Flachwurzler; Wurzelschutz durch Mulchen mit Laub oder Torf; Samenkapseln ausbrechen.

Buchsbaum
Buxus spec.

ALLGEMEINES Buchsbaum kann man wunderschön gestalten. Er lässt sich in alle möglichen Formen bringen.
HÖHE Bis ca. 90 cm.
STANDORT Sonne bis Halbschatten.
BODEN Durchlässsig.
BESONDERHEIT Nach dem Pflanzen mulchen; nicht austrocknen lassen; in rauhen Lagen Winterschutz.

Bambus
Arundinaria spec.

ALLGEMEINES Bambus wirkt sehr asiatisch auf uns. Es gibt sehr viele Sorten, von denen aber nicht alle winterhart sind. Die Größen variieren sehr stark, sodass für jeden Garten der passende Bambus gefunden werden kann. Am besten Spezialgärtnerei aufsuchen.
HÖHE Ca. 30 cm bis 9 m.
STANDORT Sonne bis Halbschatten.
BODEN Feucht, aber durchlässig, kalkhaltig.
BESONDERHEIT Genannte Arten sind winterhart; bilden Ausläufer.

Mädchenkiefer
Pinus parviflora

ALLGEMEINES Kleiner Baum, selten stammbildend, unregelmäßig und locker wachsend. Lässt sich gut formen und wirkt elegant durch seine zierliche Erscheinung.
HÖHE 1,20 m–1,50 m (in 10–15 Jahren).
STANDORT Verträgt innerstädtisches Klima, Trockenheit ungünstig.
BODEN Sandig-humose Lehmböden, sauer bis alkalisch.
BESONDERHEIT Borke grau.

Sicheltanne
Cryptomeria japonica

ALLGEMEINES Von diesem schönen japanischen Baum sind mehrere Gartenarten bekannt, hier „Hungarian Gold".
HÖHE Je nach Art.
STANDORT Halbschatten.
BODEN Lehmig, leicht feucht, sauer.
BESONDERHEIT Sichelförmig gekrümmte Nadeln.

Scheinzypresse
Chamaecyparis pisifera

ALLGEMEINES Bei den Scheinzypressen gibt es viele klein- und langsamwüchsige Sorten, die durch ihre rundliche Form gut in einen Japangarten passen und nicht beschnitten werden müssen. Hier die Sorte „Sungold".
HÖHE In 10 Jahren zwischen 15 und 60 cm.
STANDORT Sonne bis Halbschatten.
BODEN Feucht, gut drainiert und sauer.
BESONDERHEIT In den ersten beiden Jahren bei Trockenheit gießen. Vor austrocknenden Winden schützen.

Zuckerhutfichte
Picea glauca

ALLGEMEINES Zwergformen der Fichten sind gut geeignet, da sie selten höher als 1 m werden und rundliche Formen bilden. Sie sind robust und winterhart.

HÖHE 90 cm.

STANDORT Sonne bis Halbschatten.

BODEN Feucht, gut drainiert und sauer. Sie können aber notfalls auch trockener stehen. Besonderheit: junge Exemplare mulchen und bei Trockenheit gießen. Die Pflanzen sind nicht windempfindlich.

Zwerg-Hemlockstannen
Tsuga canadensis

ALLGEMEINES Diese Bäume gefallen durch ihren lockeren Wuchs, mit leicht hängenden Ästen.

HÖHE 30–40 cm hoch, 50–80 cm breit (in 10–15 Jahren).

STANDORT Halbschatten, empflindlich gegen Hiltze und Trockenheit.

BODEN Frische Humusböden, sauer bis neutral.

BESONDERHEIT Der Baum kann stark zurückgeschnitten werden.

Fächerahorn
Acer palmatum

ALLGEMEINES Leichte, duftige und sehr japanische Akzente kann man mit Fächerahornen setzen. Es gibt sie in grün und rot. Sie zeigen ein wunderbares Farbenspiel im Herbst. Laub abwerfend.

HÖHE 3 bis 4 m.

STANDORT Leichter Halbschatten.

BODEN Feucht und sauer.

BESONDERHEIT Schnitt im Spätsommer oder Herbst, Schnitt im Frühjahr blutet zu stark.

Trichterfarn
Matteuccia struthiopteris
ALLGEMEINES Trichterförmig angeordnete Wedel, ein kräftiger imposanter Farn.
HÖHE 80–130 cm.
STANDORT Leichter Halbschatten.
BODEN Feucht und sauer.
BESONDERHEIT Wuchernd.

Rippenfarn
Blechnum spicant
ALLGEMEINES Einfach gefiederter, zierlicher Farn, der im Winter nicht einzieht.
HÖHE 25–40 cm.
STANDORT Leichter Halbschatten.
BODEN Feucht und sauer.
BESONDERHEIT Wintergrün.

Hirschzungenfarn
Phyllitis scolopendrium
ALLGEMEINES Ungefiederte Wedel, wächst gut unter Gehölzen und Bäumen.
HÖHE 20–30 cm.
STANDORT Halbschatten bis Schatten.
BODEN Feucht und humos, kalkverträglich.
BESONDERHEIT Wintergrün.

Dank guter Schattierung durch Pflanzen und eine Brücke verfügt dieser Koi-Teich über eine hervorragende Wasserqualität.

TIPP

Vorausschauend planen

Wer sich wertvolle Koi zulegen möchte, sollte seine Teichanlage nicht nur für den augenblicklichen Fischbesatz dimensionieren. Je großzügiger sie bemessen ist, desto mehr Zukunftspotenzial hat sie. Denn Koi wachsen bei guter Haltung recht bald zu großen Fischen heran, die ausreichend Platz brauchen, um gesund und munter zu bleiben. Probleme bei der Koi-Haltung resultieren meistens aus einem unzureichenden Teichangebot.

Die Haltung von Koi ist ein sehr intensives Hobby, das zumindest in der Anfangszeit einiges an Zeit erfordert. Wenn Sie aber den Schritt zum Koi-Teich wagen, werden Sie feststellen, wie viel Zeit man freiwillig und sehr gern mit den Fischen verbringt. Koi-Haltung ist etwas ganz anderes als die Haltung von Orfen oder Goldfischen. Da wird der Teich zum notwendigen Rahmen und die Tiere stehen im Mittelpunkt.

Das A und O:
die richtige Planung

Vorüberlegungen

Bei der Neuanlage oder Umgestaltung eines Gartens mit Koi-Teich gibt es im Vorfeld viele Fragen zu klären. Die wenigsten haben die Möglichkeit und den Wunsch, bei der Planung einen Fachmann für Geomantie hinzuzuziehen, um die optimale Ausrichtung und Lage festzulegen. Meist dürfte auch die Grundstücksgröße die ersten Beschränkungen auferlegen. Wenn man wenig Platz hat, muss man oft auch andere Wege gehen und etwas Fantasie walten lassen, zum Beispiel bei der Unterbringung des Filters. Hier sollte man sich nicht auf Kompromisse einlassen. Der Filter ist das Herz des Koi-Teichs. Ist er unzureichend, sind alle Ihre Versuche, Koi zu halten, zum Scheitern verurteilt. Es gibt natürlich gute Fachleute für Gartenbau, die

bei größeren Bauvorhaben eine wichtige Hilfe sind, da die anstehenden Tiefbauarbeiten die eigene Körperkraft gewaltig überfordern. Weiterhin ist zu beachten, dass einige Baumaßnahmen die Genehmigung der Baubehörde erfordern. Sie sehen, es ist sinnvoll, das Bauvorhaben gut zu durchdenken, damit Probleme nicht allzu überraschend auftauchen und unnötige Verzögerungen eintreten.

Ein Koi-Teich ist kein Biotop-Teich!

Es gibt Firmen, die sich auf den Bau von Teichen spezialisiert haben. Erkundigen Sie sich genau, ob die Firmen wirklich Erfahrungen mit Koi-Teichen und den entsprechenden Filteranlagen haben und nicht Biotop- oder Schwimmteiche meinen. So hübsch diese Teiche aussehen, für Koi sind sie nicht geeignet, da die Pflanzen ein ungünstiges Sauerstoffverhältnis herstellen können. Ein Koi-Teich beherbergt eine Menge an unsichtbarer Technik, da er kein selbstreinigender Organismus wie ein Biotop-Teich ist. Die technische Ausstattung entspricht eher einer Anlage für professionelle Fischhaltung. In einem Koi-Teich gibt es durch meist höheren Fischbesatz und die Größe der Fische sehr viel organischen Abfall, der abgebaut werden muss. Die biologischen Vorgänge müssen einwandfrei ablaufen, damit die Fische nicht krank werden. Das funktioniert nur mittels ausgeklügelter Filteranlagen. Außerdem sind farblich sehr gute Koi empfindlicher als andere Teichfische. Sie brauchen hervorragendes Wasser, um ihre Schönheit zu bewahren. Wenn der Teich allerdings vernünftig geplant und gebaut ist, dann macht er meines Erachtens weniger Arbeit als ein normaler Gartenteich, der immer wieder von Schlamm und wucherndem Grün befreit werden muss.

Die Lage des Teiches

Der beste Platz für einen Koi-Teich ist so nahe beim Haus wie möglich. Koi überlässt man nicht sich selbst, wie das bei Biotop-Fischen unter Umständen möglich ist. Der Koi wird mehrmals täglich gefüttert und besonders anfangs müssen die Technik und die Wasserwerte täglich kontrolliert werden. Außerdem werden Sie häufig nach den Koi sehen wollen, einfach weil es Spaß macht.

Reif für die Insel?
Sie können Ihren Koi-Teich sogar teilweise bis unter das Haus oder einen Wintergarten führen, sodass man den Eindruck hat, man lebe auf einer Insel. Sie haben dann auch die Möglichkeit, im Innenraum eine Öffnung zum Teich zu schaffen. So können Sie auch im Winter Kontakt zu Ihren Koi haben, sie kontrollieren und füttern, auch wenn der Teich abgedeckt ist. Das ist besonders bei kleineren Grundstücken eine ungewöhnliche und ganz besonders attraktive Möglichkeit, den Garten zu nutzen. Eine Wasserlandschaft hat außerdem den Vorteil, dass die Garten-pflege auf ein Minimum beschränkt werden kann, wenn die Anlage mit Bedacht geplant und ausgeführt wurde.

Wintergarten
Optimal ist natürlich, den Teich in das Haus (Schwimmbad) oder den möglichst beheiz-baren Wintergarten zu integrieren. Sie erspa-ren sich viele Probleme, da Koi am besten im 22–24 °C warmen Wasser gedeihen. Auch die Filterbiologie ist stabiler und aktiver, wenn sie nicht durch radikale Kälteschübe gefähr-det ist, und die Wasserqualität somit ganz-jährig besser. Die Koi können gut gefüttert

In diesem Pavillon inmitten eines herrschaftlichen Gartens kann man sich wie ein „Insulaner" fühlen.

werden und relativ schnell eine beachtliche Größe erreichen. Außerdem sind Koi im war-men Wasser weniger krankheitsanfällig. Was aber am schönsten ist: Man kann auch abends am Teich sitzen und die entspannen-de Ausstrahlung des Teiches und der Koi genießen – und das bei jeder Witterung.

Gefahren bedenken
Ein unbeobachteter Koi-Teich ist ständig Gefahren ausgesetzt. Wenn der Teich nicht in

Hausnähe ist, gibt es immer die Möglichkeit, dass sich ungebetene Koi-Liebhaber mit Genuss über Ihre Fische hermachen. Graureiher zählen dazu, sie lieben Fisch. Auch Katzen haben Apetit auf Fisch. Aber man sollte auch die Gefahr, die von so einem Teich selbst ausgeht, nicht unterschätzen. Wildtiere, Haustiere und Kinder können hineinfallen und wegen der steilen Wände nicht alleine wieder herausklettern.

Sonne oder Schatten?

Im Gegensatz zum Gartenteich sollte der Koi-Teich nicht in der vollen Sonne liegen. Eine üppige Unterwasserbepflanzung ist hier nicht sinnvoll, da die starken Sauerstoffschwankungen, die durch Pflanzen hervorgerufen werden, zu ernsten gesundheitlichen Problemen bei den Koi führen können ( S.71). Kräftige Sonneneinstrahlung fördert außerdem das Aufkommen von Algen. Die beste Lage für den Teich ist daher der Halbschatten. Einerseits erwärmt sich das Wasser besser als im vollen Schatten, andererseits ist die Wasserqualität stabiler, weil der Algenwuchs geringer ist als in voller Sonne. Man kann Algenwuchs zwar mit Hilfe einer UV-Lampe eindämmen, aber Vorbeugung ist auch hier besser als Heilen. Ein weiterer Vorteil des Halbschattens: Im Sommer werden die Koi den Schatten suchen. Wenn es kühler ist, nehmen sie auch gern einmal ein Sonnenbad. Wenn Sie den Teich nicht im Hausschatten anlegen können, kann durch eine entsprechende Begrünung mit Bambus, hohen Gräsern und Büschen dieses Problem elegant gelöst werden. Das Hauptargument für eine hausnahe Lage ist für mich aber die Möglichkeit, meine Fische sehen zu können, wenn ich aus dem Wohnzimmerfenster schaue.

Stechmückengefahr

Viele Leute haben Angst vor Stechmücken, wenn der Teich nahe am Haus liegen soll. Diese Angst ist vollkommen unbegründet. Der Koi-Teich ist zum einen kein stehendes Gewässer, sodass die Gefahr recht gering ist, diesen Quälgeistern ausgeliefert zu sein. Zum anderen freuen sich die Koi, wenn Lebendfutter in ihrem Revier landet. Brutstätten ersten Ranges für Mücken sind dagegen Regentonnen. Wenn die Tonne nicht abgedeckt ist, wimmelt es darin vor Stechmückenlarven. Aber die können sie ja den Koi geben!

INFO

Der ideale Koi-Teich

▶ **MINDESTWASSERMENGEN**
Insgesamt ca. 10.000 Liter.
Pro Koi: ca. 1.000 Liter.

▶ **IDEALE TEICHGRÖSSE**
Fläche 3 x 6 m, Tiefe 1,5 m. Das ergibt
25.000 Liter. Wenn der Teich größer ist,
um so besser für die Koi.

▶ **LAGE**
In Hausnähe, möglichst Halbschatten.

▶ **FORM**
Rund oder länglich, schmales Oval, besser
in Form einer Acht, senkrechte Wände.

Ideal ist ein Teich in Form einer länglichen Acht.

Art und Größe des Koi-Teiches

Mindestvolumen

Koi werden bei guter Pflege sehr groß und haben einen entsprechenden Platzbedarf. Das Minimum für einen Schwarm von 10 bis 15 ausgewachsenen Koi ist ein Wasservolumen von 10.000 Litern. Je größer der Teich ist, desto wohler fühlen sich Ihre Fische. Allerdings steigen die Unterhaltungskosten.

Form des Teiches

RUNDE FORM Die idealste und energiesparendste Teich-Form ist rund, da man durch da Wasser leicht eine Kreisströmung erzielen kann, die den Schmutz zum Bodenablauf im Zentrum transportiert.

LÄNGLICHE FORM Die schönere Teichform ist eine längliche Acht. Hier haben Sie zwei Kreisströmungen mit zwei Bodenabläufen. Nehmen wir eine Größe von ca. 6 x 3 m an, mit senkrechten Wänden und einer gleichmäßigen Tiefe von 1,5 m. Sie erhalten auf diese Weise ein Wasservolumen von ca. 25.000 l. Das ist doch eine beachtliche Menge für eine relativ kleine Oberfläche! Ein weiterer Vorteil der schmaleren Form ist die leichtere Handhabung bei der Reinigung und Wartung. Ins Wasser gefallene Gegenstände zu bergen ist sehr viel leichter, wenn Sie einfach mit dem Kescher auf den Boden kommen. Ganz schwierig wird es, wenn Sie einen Fisch einfangen müssen. Wenn der Teich groß und rund ist, sind Sie praktisch chancenlos. Da der Teich im Winter abgedeckt werden sollte, um zu große Wärmeverluste zu vermeiden, haben Sie bei einem länglichen Teich mehr Möglichkeiten als bei einem runden.

SENKRECHTE WÄNDE Die Wände Ihres Koi-Teiches sollten senkrecht sein. Eine Sumpfzone ist hier nicht sinnvoll, da der Teich in der Regel nicht bepflanzt ist. Das Wasservolumen ist größer und die Koi sind weniger gefährdet durch Katzen und Waschbären. Ich habe selbst einmal einen wunderschönen Ogon verloren, den sich mein eigener Kater gekrallt hatte, als sich der Fisch in einer Flachwasserzone sonnte. Außerdem besteht die Gefahr, dass sich Koi zu weit in Flachwasserzonen vorwagen und dann stranden. Sie müssen jämmerlich ersticken.

Der Indoor-Teich

Es hat sich gezeigt, dass in den letzten Jahren die Koi immer schöner, aber auch empfindlicher geworden sind. Am empfindlichsten sind Koi gegenüber zu niedrigen Wassertemperaturen. Das Immunsystem der Fische arbeitet am besten, wenn sie ganzjährig Temperaturen von 20–24 °C haben. Das können Sie am leichtesten in einem Becken im Haus oder Wintergarten erreichen. Die Ausstattungsmerkmale für den Indoor-Teich sind die gleichen wie draußen. Allerdings haben Sie es einfacher mit der Heizung, da sich das Wasser der Raumtemperatur anpasst und nur minimal zugeheizt werden muss. Das Ergebnis sind gesunde Fische, die noch dazu ein immenses Wachstum haben. Gute Jumbos sind eigentlich nur zu erreichen, wenn sie das ganze Jahr gefüttert werden. Durch die höheren Temperaturen arbeitet auch der Filter stabiler, da keine Winterausfälle bei der Biologie mehr zu befürchten sind.

Baumaterialien

FESTER UNTERGRUND Wenn Ihr Gartenboden aus festem Untergrund wie Lehm oder Ton besteht, können Sie die günstigste Möglichkeit wählen, Ihren Teich zu befestigen: mindestens 1 mm starke Teichfolie. Dünner sollte die aber nicht sein. Man schneidet sie vor Ort zu, passt sie ein und verschweißt die Nähte, damit sich keine Falten bilden. Das sieht nicht nur unschön aus, sondern Schmutz sowie Parasiten können sich in den Nischen festsetzen. Die Bodenabläufe müssen sorgfältig eingepasst werden, damit kein Wasser aus undichten Anschlüssen verloren geht.

LOSER UNTERGRUND Bei einem Untergrund aus losem Material wie Kies oder Sand empfehlen wir, den Teich zu mauern und zu betonieren. Dies selbst zu bewerkstelligen, ist jedoch schwierig. Hier sollte man sich an Fachleute wenden, die Erfahrung mit dem Bau von Koi-Teichen haben. Wenn der Teich sauber verputzt ist, wird er am besten mit einer Folie ausgekleidet. Ein Anstrich ist nicht empfehlenswert. Selbst wenn Sie ungiftige Farbe für Trinkwasserbecken nehmen, ist die Gefahr gegeben, dass über undichte Stellen wie Haarrisse Wasser versickert.

KUNSTSTOFF Den größten Gestaltungsspielraum haben Sie bei der Verwendung von glasfaserverstärktem Kunststoff (GFK). Dieser Kunststoff ist außerordentlich haltbar und Sie können ohne Betonschale arbeiten. Auch hier ist die Ausführung durch eine Fachfirma unerlässlich, da dieses Material für einen Laien schwierig zu verarbeiten ist.

Vom Schwimmbad zum Teich

Ein ungenutztes Schwimmbecken im Garten könnte wunderbar als Koi-Teich genutzt werden. Sie müssten hierfür eine zweite Bodenplatte betonieren lassen, in der die entsprechend groß dimensionierten Bodenablaufleitungen untergebracht sind. Der Schwimmbadfilter muss durch einen neuen mechanisch-biologischen Filter ersetzt werden. Ein Sandfilter ist nicht ausreichend.

TIPP

Ausreichend groß bauen
Denken Sie daran, den Teich und Filter so groß wie möglich zu planen. Auch wenn Sie mit wenigen Fischen anfangen, die Leidenschaft wird auch Sie packen und Sie möchten doch noch den einen oder anderen attraktiven Koi haben. Einen neuen Teich zu bauen, ist ein ziemlich hoher finanzieller Aufwand. Es wäre doch sehr schade, wenn Sie Ihren schönen Fischen nicht die erforderliche Wasserqualität bieten könnten und sie krank würden.

Liegt Ihr Teich nahe am Haus, können Sie Ihre Koi ständig sehen und füttern. Extrawege sind nicht nötig.

Die Filterung

Der Filterkreislauf

Für einen effektiven Filterkreislauf benötigt der Teich je nach Größe einen oder mehrere Bodenabläufe und einen Skimmer. Die Schmutzpartikel wie Ausscheidungen und Futterreste werden durch die kreisförmige Wasserströmung und die Schwerkraft automatisch über die Bodenabläufe in den Filter geleitet. Von da aus gelangt das verschmutzte Wasser zuerst durch einen mechanischen Filter und dann in einen biologischen Filter. Der mechanische Filter hält die groben Schmutzpartikel zurück und sollte gesondert gereinigt werden können. Im biologischen Filter befindet sich durchlässiges Filtermaterial, an dem sich Bakterienkulturen ansiedeln, die mittels einer Belüftung mit Sauerstoff versorgt werden müssen. Anschließend führt eine Pumpe das gereinigte Wasser durch ein UV-Licht in den Teich zurück.

Unterwasserpumpe

Dieser mit Jurablöcken eingefasste Teich ist ein exzellentes Beispiel für einen wartungsarmen Teich direkt am Haus.

Die richtige Filtergröße ist wichtig

Die Wasserqualität im Teich ist ein zentrales und komplexes Thema. Es ist klar, dass der Filteranlage große Bedeutung beigemessen werden muss. Der Filter ist der wichtigste und sensibelste Bestandteil der Anlage. Die meisten Neulinge gehen zum Gartenmarkt oder Gartenteichbedarf und erwerben einen für Koi vollkommen unzureichenden Gartenteichfilter. Schauen Sie sich die Filter im Aquarienbedarf an, die sind nicht viel kleiner. Wie kann ein Filter, der vielleicht 200 bis 300 Liter Wasser sauber hält, ausreichend sein für ein Mindestvolumen von 10.000 Liter Wasser? Das kann doch nicht funktionieren!

Wohin mit dem Filter?

NAHE BEIM HAUS Die ganze Filtertechnik sollte möglichst nahe beim Haus untergebracht sein. Mechanische und biologische Filter sowie Belüfter und Wasserpumpe werden so nahe wie möglich am Teich installiert, in Höhe des Teichniveaus. Der meistens sehr große und nicht gerade attraktive Filter lässt sich gut unter einer begehbaren Abdeckung wie Weg oder Terrasse verstecken. So ist er vor Verunreinigung von außen geschützt und kann gut gewartet und kontrolliert werden.

TEEHAUS Oder vielleicht gönnen Sie sich ein hübsches Teehaus? Das passt wunderbar zu einem japanischen Teich. Gleichzeitig haben Sie einen wettergeschützten Beobachtungsplatz, der Filter ist darunter gut versteckt und außerdem jederzeit leicht erreichbar.

IM KELLER Sie können den Filter auch in einem warmen Kellerraum unterbringen. Vorteile: leichte Wartung, weniger Probleme im Winter, da das Wasser im Keller leichter temperiert werden kann. Nachteile: ein Loch in der Kellerwand. Passen Sie auf, dass der Filter nicht mit Heizöl in Kontakt kommt. Das könnte Ihre Fische vergiften.

Mechanische-biologische Filterung

Die mechanisch-biologische Filterung von Koi-Teichen stammt aus Japan. Wir haben diese Filterung lediglich auf unsere europäischen Verhältnisse angepasst.

MECHANISCHER FILTER

Der mechanische Filter hält die groben Partikel wie Fischkot, Futterreste, Schlamm und Laub aus dem Wasser zurück und klärt es. Mögliche Filtermedien sind bei sehr kleinen

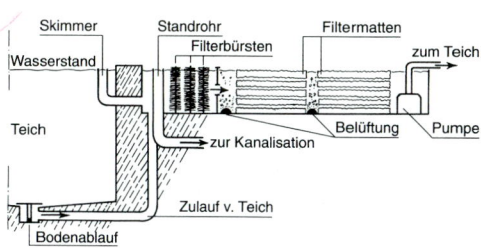

Die Filteranlage sollte möglichst nahe am Teich sein.

sehr mühsam von Hand gereinigt werden. Bei größeren Teichen oder starkem Fischbesatz sind diese gänzlich ungeeignet.

FILTERBÜRSTEN dagegen sind leicht zu reinigen. Außerdem verstopft die Filterkammer nicht so leicht wie bei Watte o. Ä. Die Bürsten sollten dichte, in sich gedrehte Fasern aus Kunststoff haben, damit die Schmutzpartikel zurückgehalten werden. Wenn die Bürsten verschmutzt sind, spritzt man sie einfach mit klarem Wasser ab. Wie oft gereinigt werden muss, ist abhängig von der Größe der Filterkammer. Sie sollte einen Abfluss zum Kanal haben, damit der Schmutz problemlos und ohne Umstände weggespült werden kann.

BIOLOGISCHER FILTER

Er ist das Kernstück der Filteranlage, denn hier herrscht reges Leben. Im biologischen Filter siedeln Bakterien, die von den Stickstoffausscheidungen der Fische leben. Dabei handelt es sich um verschiedene Arten von Mikroorganismen, die sich spezialisiert haben auf die Zersetzung der im Teich anfallenden Stoffwechselprodukte. Eine funktionierende Bakterienkultur ist die „Wasseraufbereitungsanlage" in Ihrem Filter. Sie ist von immenser Wichtigkeit für die Gesundheit und das Wohlergehen Ihrer wertvollen Koi.

Teichen mit geringem Fischbesatz meist feine Materialien wie Schaumstoff, feiner Sand oder Filterwatte. Der Nachteil dieser Materialien ist ein hoher Wartungsaufwand. Sie setzen sich sehr schnell zu und müssen dann

Optimale Filteranlage mit allen wichtigen Elementen.

Machen Sich nicht diesen Fehler!
Eine verbreitete Unsitte ist die Stilllegung des Filters in der Winterzeit, verbunden mit einer gründlichen Reinigung des biologischen Filters. Doch dabei werden wertvolle Bakterienkulturen zerstört werden! Im Frühjahr kommt es dann zur Algenblüte. Das Wasser wird undurchsichtig grün. Abhilfe schafft da meist eine UV-Lampe, die die Algen abtötet. Bei kühler Witterung und bedecktem Himmel verschwindet das Problem meist von selbst wieder.

Mit einem Skimmer können Sie die Wasseroberfläche frei halten von Blütenpollen.

FILTERMATTEN Die Mikroorganismen brauchen eine gewisse Pflege, um richtig zu funktionieren. Die Filtermatten müssen ständig von Wasser und Sauerstoff durchströmt werden. Außerdem sollten die Filtermatten eine möglichst große Oberfläche haben. Zudem müssen sie langlebig, nicht zu dicht und am besten auch nicht zu schwer sein.
LAVAGESTEIN UND KIES verwendete man früher häufig. Dieses Material bietet zwar einen guten Haftgrund, setzt sich aber relativ schnell zu und muss häufig ausgewaschen werden. Das stört die empfindliche Biologie und ist außerdem harte Knochenarbeit.

PVC-FILTERMATTEN Wir selbst haben locker gewebte PVC-Filtermatten in Gebrauch, die eine außerordentlich große Oberfläche für die Bakterienkulturen bieten und durchströmendes Wasser und Sauerstoff gut passieren lassen. Da die Matten außerdem durch ihr geringes Gewicht leicht zu handhaben sind, lassen sie sich auch gut von den gröberen Verschmutzungen reinigen, die sich nach einiger Zeit absetzen. Auch bei einem gut gewarteten Filter sammeln sich im Laufe der Zeit abgestorbene Bakterien und Mulm im Filter an, die man vorsichtig ausspülen sollte.
.

Skimmer
Ablagerungen von beispielsweise Blütenpollen, wie sie immer wieder im Frühjahr auftreten, liegen oft als ein unschöner Film auf der Wasseroberfläche und lassen den Teich aussehen, als ob er total veralgt wäre. Unter dem Algenfilm ist das Wasser aber oft klar. Hier schafft ein Skimmer Abhilfe. Er saugt das Oberflächenwasser ab und entsorgt so direkt den Oberflächenschmutz. Der Auslass für das Skimmerrohr liegt in der

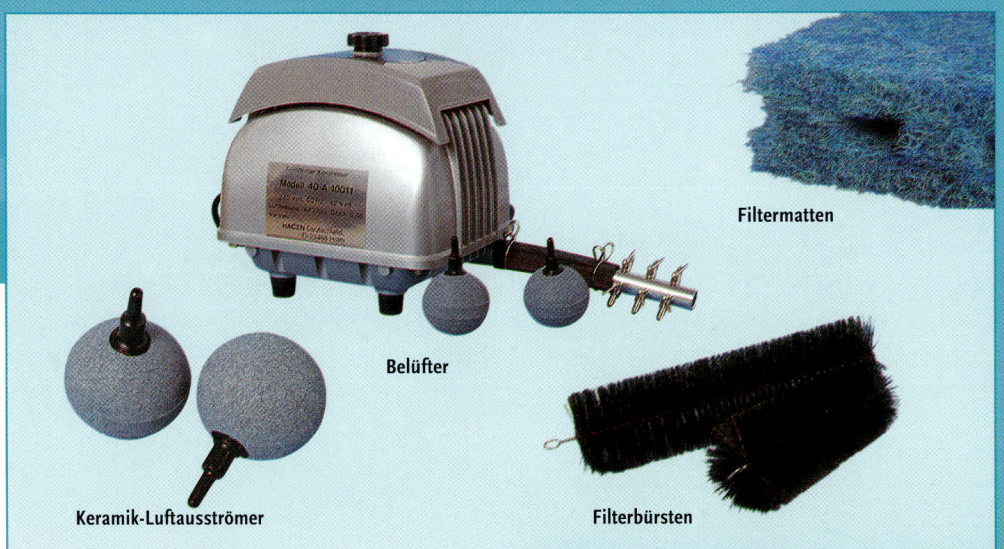

Filtermatten

Belüfter

Keramik-Luftausströmer

Filterbürsten

Teichwand 40 cm unter der Oberfläche und das Rohr wird dann im 90°-Winkel nach oben geführt. Wie beim Bodenablauf fließt das Schmutzwasser automatisch nach, sowie das saubere Wasser aus der Filterkammer in den Teich zurückgepumpt wird.

Belüfter

Auch im Teich ist Sauerstoff ein lebensnotwendiges Element. Den größten Bedarf haben hierbei die Bakterien. Sie verbrauchen weitaus mehr Sauerstoff als die Koi. Deswegen sollte die Sauerstoffzufuhr das ganze Jahr gewährleistet sein, besonders im biologischen Filter. Ein Belüfter sollte dem biologischen Filter direkt ausreichend Sauerstoff zuführen können, damit die Bakterienkultur reibungslos arbeiten kann. Wenn die Bakterien dem Teichwasser den Sauerstoff entnehmen müssen, kann es zu Engpässen in der Versorgung für die Koi kommen. Man sollte deshalb eine „Notbelüftung" installieren, die aus einem anderen Stromkreis gespeist wird, damit es hier keine kritischen Momente gibt. Die Belüftungspumpen müssen so installiert sein, dass sie nicht nass und durch einen Kurzschluss stillgelegt werden können.

Leistungdaten zum Koi-Teich
Zugrunde liegen die Daten eines Koi-Teiches, der über ein Fassungsvermögen von ca. 30 m³ verfügt.

► Um eine gute Selbstreinigungskraft des Teiches zu erreichen, muss der gesamte Wasserinhalt mindestens alle zwei Stunden in den Filter gesaugt und über das ultraviolette Licht in den Teich zurückgepumpt werden.

► Dies bedeutet, dass die Wasserpumpe eine Pumpenleistung von mindestens 15m³/h bei einem Gegendruck von ca. zwei Metern Höhe erbringt. Diese zwei Meter Gegendruck sind nur ein grober Anhaltspunkt. Sie entstehen in Form von Reibungswiderständen in den Druckleitungen, Winkeln, UVC-Licht, Wärmetauschern usw.

► Die Stärke des UVC-Lichtes muss mindestens 50 Watt betragen.

► Die Luftleistung des Belüfters muss bei einem Besatz von ca. 10–15 erwachsenen Koi mindestens 2.000 Liter/Stunde betragen.

Koi mögen's wärmer

Temperaturansprüche

Koi haben es gerne etwas wärmer, japanische Qualitätskoi reagieren sogar recht empfindlich auf niedrige Temperaturen. So können sie nach längeren kalten Perioden an Karpfenpocken leiden, die allerdings abklingen, sobald die Temperatur wieder steigt. Um laichen zu können, brauchen die Koi im Frühjahr einen Wärmeschub als Impuls. Im Januar bis Februar sollte die Temperatur nicht unter 4 °C sinken. Mitte bis Ende März sollte das Wasser schon 15 °C erreichen, um dann April bis Mai auf angenehme 20–24 °C zu gehen, eine Temperatur, die für 5 bis 6 Monate gehalten werden sollte. Damit die Fische gut überwintern können, sollten sie möglichst lang gefüttert werden und das Futter vor allen Dingen auch verwerten können. Die Temperatur soll deshalb bis Ende Oktober nicht unter 15 °C sinken. Das können Sie nur mit einer guten Teichheizung erreichen.

Teichheizungen

Die kostengünstigste und komfortabelste Lösung ist eine Abzweigung von Ihrer Zentralheizung, da Sie so leicht die Temperatur mittels Thermostat steuern können. Weitere Möglichkeiten sind eine Wärmepumpe oder ein Elektrodurchlauferhitzer. Eine Solarhei-

Teichheizer

Ist das Wasser warm, geht es den Koi gut. Wenn es aber zu heiß wird, spendet die Brücke den Fischen Schatten.

Technik im Koi-Teich

▶ **BAUMATERIAL**
Fester Untergrund (Lehm):
Folie, Beton, GFK.
Loser Untergrund (Kies):
Beton, GFK.

▶ **TEICHTECHNIK**
Abläufe im Teich.
Bodenabläufe.
Oberflächenabsaugung (Skimmer).

▶ **FILTER**
Mechanischer Filter mit Bürsten,
biologischer Filter mit Filtermatten und
Belüfter.
Wasserpumpe.
Ultraviolett-Licht.

▶ **TEICHHEIZUNG**
Tauchheizung, Elektrodurchlauferhitzer,
Wärmepumpe, Zentralheizung.

▶ **STRÖMUNG**
Kreisförmig angelegte Teichströmung,
welche anfallenden Schmutz zum Bodenablauf leitet.

zung klingt verlockend, ist aber als alleinige Heizung ungünstig, da sie in den Übergangs-zeiten Oktober/November und März/April zu wenig Leistung bringt. Als Notlösung kann man einen schwimmenden Teichheizer ein-setzen, der über der tiefsten Stelle installiert sein soll. Zur Kontrolle muss ein Thermome-ter eingesetzt werden, das Ihnen ermöglicht, das ganze Jahr die Temperatur im Teich zu kontrollieren. Wenn das Becken und/oder der Filter im beheizten Raum installiert ist, gibt es diese Probleme natürlich nicht, da sich das Wasser der Raumtemperatur anpasst.

Wasser ist für uns eine solche Selbstverständlichkeit, dass wir oft nicht darüber nachdenken, welche Qualitätsanforderungen Fische an ihr Lebenselixier stellen. Auf den folgenden Seiten bekommen Sie ausführlich erklärt, was man beim Wasser für Koi beachten muss – von der Erstbefüllung bis zur täglichen Kontrolle.

Lebenselixier Wasser

Koi brauchen sauberes Wasser

Es verwundert uns immer wieder, was man den armen Zierfischen zumutet, in welchen schrecklichen Brühen sie um ihr Leben kämpfen müssen. Am schlimmsten haben es Goldfisch und Co. Sie sind verhältnismäßig billig und werden gedankenlos geopfert. Bei einem Koi, der wesentlich teurer ist, macht man sich vielleicht doch etwas mehr Gedanken. So gesehen hat es der Koi sicherlich besser. Was aber bedeutet Wasserqualität im Falle Koi? Das ist einfach. Das Wasser muss praktisch Trinkwasserqualität haben, wenn es für Koi zuträglich sein soll. Hierzulande existiert vielfach der Fehlglaube, ein Karpfen könne in jedem schlammigen, trüben Tümpel hausen. Das ist ein gewaltiger Irrtum. Ein Karpfen kann zwar im trüben Wasser leben, aber es muss sauber sein. Sauber heißt in dem Fall, dass die Trübung die Wasserwerte nicht negativ beeinflussen darf. Sie darf lediglich durch aufgewirbelten Untergrund wie Sand oder Lehm entstehen. Diese Art von Naturteichen sind aber allenfalls für Züchter interessant. Sie wollen Ihre Koi sicher in voller Schönheit bewundern können – und das setzt natürlich klares Wasser voraus.

Kleine Wasserfälle bringen Sauerstoff ins Wasser. Eine optimale Wasserqualität ist unverzichtbar in einem Koi-Teich.

Wasser für die Erstbefüllung

NATÜRLICHE RESSOURCEN

In einer unbelasteten Umwelt kann man leicht auf natürliche Ressourcen wie Bäche, Flüsse, Grundwasser, Brunnen und Regenwasser zugreifen. Aber es dürfte sehr schwierig sein, unbelastetes Wasser bei uns zu finden. Hier genügt nicht der Augenschein, Sie müssen eine chemische Wasseranalyse machen lassen. Ein weiteres Problem können Parasiten sein. Selbst wenn das Wasser von seiner Chemie her brauchbar sein sollte, können Krankheitskeime und Parasiten eine

Gefahr bilden. Regenwasser, das früher als das wunderbarste Wasser angesehen wurde, ist oft so sauer und verunreinigt, dass man es nicht für Fischteiche empfehlen kann.

LEITUNGSWASSER

Verwenden Sie das wirklich am besten kontrollierte Lebensmittel – unser Leitungswasser. Damit sind Sie auf der sicheren Seite, keine Giftstoffe oder Parasiten in Ihren Teich einzuleiten. Achten Sie bei der Erstbefüllung auf die Wasseruhr, damit Sie wissen, wie viel Kubikmeter Wasser in Ihren Teich passen. Das zu wissen ist wichtig für Desinfektions-

maßnahmen, Medikamentendosierung o.Ä. Nun sollte das Wasser erst einmal fünf Tage abstehen, damit es verträglicher für die Fische wird. Der Filter sollte dabei in Betrieb sein, damit er langsam in Gang kommen kann. Die Inbetriebnahme, das heißt der Erstbesatz mit Koi, sollte zunächst sehr vorsichtig und zurückhaltend erfolgen, damit sich eine stabile und gesunde Biologie entwickeln kann. Je sorgfältiger Sie am Anfang die Wasserqualität überwachen und je vorsichtiger Sie anfangen, desto weniger Probleme werden Sie in der Folge haben.

Das Wohlergehen der Koi ist in der Hauptsache von der Wasserqualität in ihrem Teich abhängig. Daher erhalten Sie nun eine Überblick über die wichtigsten Wasserwerte und ihre Bedeutung.

Wasserwerte

Wassertemperatur

Koi sind keine Kaltwasserfische, wie etwa Forellen. In ihrer Heimat Zentralasien liegt die Wassertemperatur zwischen 22–28 °C. Sie müssen daher versuchen, den Koi von Anfang Mai bis Ende September eine Temperatur von 20–22 °C zu bieten. Da bei diesen Temperaturen das Immunsystem der Koi auf Hochtouren läuft, kann optimal gefüttert werden und die Koi sammeln Kraft für die anstrengende Überwinterung. Sie sind dann weniger krankheitsanfällig und können auch im Januar und Februar Wintertemperaturen von 4 °C aushalten. Ab Anfang März sollte es dann aber kontinuierlich wärmer im Teich werden. Auch die Aktivität der Filterbakterien ist temperaturabhängig. So beginnen sich diese erst ab einer Wassertemperatur von 15 °C zu vermehren. Ihr Optimum liegt bei 30–36 °C, was wir den Koi aber nicht zumuten können. Eine Wassertemperatur von 22–24 °C ist ideal für Koi.

Sauerstoff

Die Lebensvorgänge im Teich stehen im engen Zusammenhang mit dem Sauerstoffgehalt des Wassers. Die Atmung der Fische, aber auch die Verdauung von Futter sind abhängig vom gelösten Sauerstoff.

STICKSTOFFABBAU Nach jeder Fütterung steigt die Stickstoffausscheidung und die damit verbundene Belastung des Wassers.

Überprüfen Sie regelmäßig die Wasserwerte in Ihrem Teich.

Um den Stickstoff abzubauen, benötigen die Bakterien im Biofilter große Mengen an Sauerstoff, sodass es zu gefährlichen Engpässen in der Sauerstoffversorgung der Fische kommen kann. Deshalb ist es wichtig, für eine gute Belüftung im biologischen Filter zu sorgen. Diese Belüftung sollte von einem anderen Stromkreis gespeist werden als die Teichbelüftung. Die Bakterien entziehen bei Ausfall der Filterbelüftung sonst dem Teichwas-

In einem Koi-Teich können Sie die Füße baumeln lassen oder sogar schwimmen. Bitte duschen Sie vorher, damit keine Reste von Kosmetikprodukten ins Wasser gelangen.

TIPP

Richtig füttern
Jeder Rottungs- und Zersetzungsprozess im Teich geht zu Lasten des Sauerstoff-haushaltes. Deshalb sollte man mit Bedacht und kontrolliert füttern. „Auf Vorrat" in den Teich gegebenes Futter ist eine große Belastung, wenn es nicht aufgenommen wird, sondern verrottet.

ser den für die Fische lebensnotwendigen Sauerstoff. Kiemenschäden und im schlimmsten Fall der Erstickungstod wären die Folge.
PFLANZEN UND SAUERSTOFF Ein üppig bewachsener Koi-Teich scheint vielen da die beste und attraktivste Lösung zu sein. Doch Vorsicht! Die Sauerstoffproduktion (Photosynthese) der Pflanzen funktioniert nur tagsüber. Sobald es dunkel wird, kehrt sich der Vorgang um. Dann verbrauchen auch die Pflanzen den bei Tag erzeugten Sauerstoff (Dissimilation). Zu den Pflanzen zählen die Algen, sie verbrauchen ebenfalls nachts den Sauerstoff. In manchen üppig bewachsenen Teichen ist deshalb der Sauerstoffgehalt in den frühen Morgenstunden sehr niedrig – das ist für Koi eine gefährliche Situation.
Im Frühjahr kann eine große Pollenbelastung zu Problemen führen, genauso wie der Laubfall im Herbst. All diese Ereignisse treiben den Stickstoffgehalt sowie die damit verbundenen Gesamtammonium- oder Nitritwerte in die Höhe und führen letztendlich zu den gefürchteten Kiemenschäden bei den Koi. Außerdem kann bei stark gesunkenem Sauerstoffgehalt das relativ ungiftige Nitrat wieder in fischgiftiges Nitrit gewandelt werden.

ph-Wert

Der ph-Wert zeigt an, ob das Wasser sauer oder alkalisch reagiert. Wie alle anderen Wasserwerte steht auch der ph-Wert in Abhängigkeit zu den chemischen Vorgängen im Wasser. Die größten Schwankungen des ph-Wertes werden durch die Aktivität der Pflanzen ausgelöst. Tagsüber verbrauchen Pflanzen Kohlendioxid. Mit der Veringerung des wichtigsten Puffers des ph-Wertes, der Kohlensäure, steigt der ph-Wert an. Das Wasser wird alkalischer. So kann im Laufe eines Tages der ph-Wert von idealen 7,5 am Morgen auf gefährliche 9 am Abend gestiegen sein. Koi können solche starken Schwankungen auf Dauer nicht verkraften. Sie reagieren mit Krankheiten wie Kiemenschädigung. Der „gute" Wert am Morgen kann allerdings, wie

Sie wissen, trügerisch sein, da unter Umständen der Sauerstoffwert gefährlich niedrig ist. Außerdem besteht eine Abhängigkeit zwischen dem ph-Wert und der Konzentration von giftigem Ammoniak.

Gesamtammonium

Diese Stickstoffverbindungen gelangen hauptsächlich als Ausscheidungsprodukte über die Kiemen der Fische in das Wasser. Andere Quellen sind faulendes Futter oder abgestorbene Kleinlebewesen. Eine Gruppe von Bakterien, die Ammoniakoxidanten, vermögen diese Ammoniumverbindungen mithilfe von Sauerstoff in Nitrit umzuwandeln. Das Gefährliche an Ammonium ist seine Umwandlung zu fischgiftigem Ammoniak bei ph-Werten ab 8,0. Hier erhöht sich sehr

Füttern Sie nur so viel, wie Ihre Koi fressen. Futterreste sind eine Belastung für das Wasser.

schnell der giftige Ammoniakanteil und das ungiftige Ammonium sinkt entsprechend. Bereits eine Steigerung des ph-Wertes von z.B. 8,5 auf 9,5 kann eine Verzehnfachung der Ammoniakkonzentration bedeuten.
AMMONIAK, ein starkes Zellgift, schädigt die Kiemen der Fische. Bereits Konzentrationen ab 0.01 mg/l beeinträchtigen die Gesundheit erwachsener Fische. Konzentrationen von 0,2 bis 0,3 mg/l sind tödlich für die Fischbrut! Der Gesamtammoniumwert sollte deshalb stets im nicht messbaren Bereich liegen.

Nitrit

Auch Nitrit ist sehr giftig für Fische. Durch die Umwandlung von Hämoglobin in Methämoglobin stört es den Sauerstofftransport im Blut. Die Koi ersticken an innerem Sauer-

stoffmangel, selbst bei ausreichendem Sauerstoffangebot im Teich. Auch hier sind Bakterien am Werk, die mithilfe von Sauerstoff Ammoniak in Nitrit verarbeiten. Bei Nitritwerten von über 0,15 mg/l muss sofort die Fütterung eingestellt werden. Die Ursache für hohe Nitritwerte sind oft mangelhafte Bakterienpopulationen.

Nitrat

Ein Endprodukt des Eiweißabbaus im Filter ist Nitrat. Es ist relativ ungiftig, aber als wirksames Düngemittel nicht unproblematisch. Es fördert das Algenwachstum und die damit verbundenen Probleme (◉ Sauerstoff S.70 und ph-Wert S.72). Auch Brunnen- oder Grundwasser können zu viel Nitrat enthalten. Wenn Sie kein Leitungswasser benutzen, sollten Sie hier verstärkt Wasserkontrollen durchführen. Bei Algenblüte und Wachstum von Fadenalgen müssen häufige Entnahmen von Algen und Teilwasserwechsel erfolgen, um den Nitratgehalt zu senken.

Nur in einwandfreiem und klaren Wasser kommt das edle Aussehen dieser Platin Ogon zur Geltung.

INFO

Ideale Wasserwerte auf einem Blick

▶ **GESAMTHÄRTE**
unter 15 °dH.

▶ **WASSERTEMPERATUR**
Winter mindestens 4 °C.
Frühjahr 14–18 °C.
Sommer 20–26 °C.
Herbst 13–15 °C.

▶ **SAUERSTOFF**
über 6,5 mg/l.

▶ **PH-WERT**
6,5 bis 8,0,
ideal sind 7,0.

▶ **GESAMTAMMONIUM**
unter Nachweisgrenze.

▶ **NITRIT**
unter Nachweisgrenze.

▶ **NITRAT**
unter 80 mg/l.

Gesamthärte

Unter normalen Umständen ist die Gesamthärte des Teichwassers kein Wert, der regelmäßig geprüft werden muss. Die ideale Gesamthärte liegt bei 5–15 °dH.

Filterbakterien

Wie wir gesehen haben, kommt den Bakterien im Wasser und im Biofilter eine ganz entscheidende Rolle zu. Der „Organismus Teich" ist von der Existenz und dem Funktionieren der Bakterienkulturen abhängig. Ohne sie gäbe es kein Leben im Wasser. Alle Wasserbewohner wären längst an ihrem eigenen Abfall erstickt. Deshalb ist die Bereitstellung

Der „Hefetrick"

Wenn Teich und Filter neu sind, gibt es noch keine funktionierende Biologie und die Wasserwerte können verrückt spielen. Das ist die gefährlichste Zeit für Koi, da sehr schnell Ammoniakkonzentrationen auftreten, die Ihre Fische töten können. Hier gibt es einen einfachen und wirkungsvollen Trick. Wenn das Wasser eingefüllt ist und der Wasserkreislauf funktioniert, dann zerbröseln Sie einige Würfel einfache Backhefe (ein Würfel für 5 m³) und geben sie in den Teich. Die Hefebakterien überziehen die Filtermatten bald mit einem schleimigen Film. Nun geben Sie so genannte Starterbakterien in den Teich, die nun leichter auf den Filtermatten siedeln können. Nach etwa fünf Tagen können Sie anfangen, kleinere Koi von ca.35 cm einzusetzen, maximal zwei Fische pro 10 m³. Auf gar keinen Fall darf die Hefe in den Teich eingebracht werden, wenn die Fische schon drin sind, da dies Haut und Kiemen stark reizen würde.

eines optimalen Filtersystems das Sinnvollste zur Erreichung und Aufrechterhaltung einer guten Wasserqualität. Hier erfahren Sie das Wichtigste zu den verschiedenen Bakteriengruppen und ihrer Wirksamkeit.

NITRITOXIDANTEN Diese kleinere Bakteriengruppe verwandelt Nitrit zu Nitrat. Sie benötigt ebenfalls Sauerstoff und benutzt Kohlendioxid zum Aufbau ihrer Zellen.

DENITRIFIKANTEN können Nitrit und Nitrat in gasförmigen Stickstoff umwandeln, der in die Atmosphäre entweicht. Die Besonderheit: Sie sind in der Lage, statt Sauerstoff Nitrit und Nitrat für ihre Atmung zu verwenden.

DESTRUENTEN Diese Bakterien zersetzen organisches Material wie Fette, Zucker und organische Säuren und gewinnen daraus ihre Energie sowie die notwendigen Zellbaustoffe. Stickstoff wird dabei als Ammonium ausgeschieden. Genauso wie die höheren Lebewesen im Koi-Teich benötigt diese Bakteriengruppe Sauerstoff zum Leben.

AMMONIAKOXIDANTEN Sie nutzen das ausgeschiedene Ammonium für sich als Energiequelle und wandeln es dabei in Nitrit um. Auch diese Bakterien benötigen für diesen Prozess Sauerstoff. Als Baustoff für ihr Zellwachstum benutzen sie Kohlendioxid.

▶ PROBLEM	▶ URSACHE	▶ LÖSUNG
ph-Wert zu hoch	Teich liegt zu sonnig.	Für Schatten sorgen mit einem Sonnensegel oder mit Gewächsen wie hohen Gräsern, Bambus oder Nadelbäumen. Oder eine Brücke über den Teich bauen.
	Belüftung ist zu stark, meist bei neu angelegten Teichen.	Belüftung reduzieren in Abhängigkeit zum Fischbesatz. Sauerstoffgehalt kontrollieren. Bei extremen ph-Werten „ph-Minus für Gartenteiche" einsetzen.
ph-Wert zu niedrig	Sehr viele Koi im Teich und eine extrem starke Bakterienpopulation im Filter. Teichwasser mit niedriger Gesamthärte.	Belüftung verstärken. Täglich einen Teelöffel fein gemahlenen Branntkalk auf 20 m³ Teichvolumen geben. Vorher im Eimer mit reichlich Wasser auflösen. Vorsicht: Ätzend!
Ammoniumgehalt und/oder Nitritgehalt zu hoch	Zu viele Koi im neu angelegten Teich, Filter hat noch keine ausreichende Biologie. Biologischer Filter ist durch Desinfektionsmaßnahmen zusammengebrochen. Die Fische werden zu stark gefüttert.	Fischbesatz reduzieren, über mehrere Tage hinweg 20–30 % Wasserwechsel mit abgestandenem Wasser. Frisches, kaltes Wasser fördert Hautparasiten. Fütterung für mindestens 14 Tage komplett einstellen. Falls der ph-Wert auch zu hoch ist, diesen mit „ph-Minus" senken. 3 kg/m³ jodfreies Kochsalz oder Viehsalz in den Teich geben, senkt die Giftigkeit von Ammoniak und Nitrit.
Sauerstoffmangel allgemein	Zu viele Fische im Teich, zu starke Fütterung, Belüftung im Teich und Filter ist zu gering.	Stärkeren Belüfter einsetzen, am besten zwei unabhängig voneinander laufende Belüfter. Fütterung einstellen.
Sauerstoffmangel am frühen Morgen	Unterwasserpflanzen, Fadenalgen und Schwebealgen (grünes Wasser) verbrauchen durch Dissimilation während der Nacht den Sauerstoff.	Unterwasserpflanzen und Fadenalgen reduzieren. UV-Licht gegen Schwebealgen installieren. Starke Belüftung einsetzen.

PROBLEM	▶ URSACHE	▶ LÖSUNG
Vergiftungen durch äußere Einflüsse	Zum Beipiel: Spritzmittel im Garten oder in der Landwirtschaft werden über den Wind in den Teich getragen.	Schnellstmöglich den größten Teil des Teichwasers ablassen und mit frischem Leitungswasser auffüllen. Dies ist für die Fische auch eine Belastung, aber besser als eine Vergiftung mit Todesfolge. Wenn möglich alle Fische aus dem Teich fangen und in ein anderes Becken umsetzen.
Wasser im Winter zu kalt (unter 4 °C).	Extrem kalte Temperaturen über längeren Zeitraum. Der Teich ist nicht abgedeckt.	Teich abdecken und heizen.
Wasser zu warm (über 26 °C).	Teich hat zu viel Sonneneinstrahlung, ist zu flach. Das Wasservolumen ist zu gering.	Den Teich schattieren und die Belüftung verstärken.
Schaumbildung auf der Wasseroberfläche (meist in den frühen Morgenstunden)	Passiert in der Regel in Teichen, bei denen die Filteranlage über Wasserniveau installiert ist. Das zurücklaufende Wasser bringt über das Überlaufrohr viel Luft mit in den Teich. Wird auch von Wasserfällen, Springbrunnen und Bachläufen verursacht. Biologie des Filters ist noch nicht richtig eingelaufen.	Das ist nur ein optisches Problem. Was wie Schaum aussieht, ist ausflockendes Eiweiß, ein Endprodukt des biologischen Stickstoffabbaus. Man kann den Schaum an der Einflussstelle über eine schwimmende Barriere, z.B. Dachlatten, zusammenhalten, damit er sich nicht über den ganzen Teich verteilt.
Algenblüte (grünes Wasser)	Der Teich liegt zu sonnig, hohes Nährstoffangebot.	Teich schattieren, UV-Licht einsetzen.
Fadenalgen	Hohes Nährstoffangebot, kristallklares Wasser.	Elektrische Algenvernichter, Algen mechanisch entfernen.

KOI KAUFEN UND
RICHTIG PFLEGEN

Wo Sie Koi kaufen können

Koi-Kauf beim Händler

Koi-Kauf ist Vertrauenssache. Zugegeben: Ein Koi-Neuling hat es schwer. Da gibt es so viele neue Informationen zum Thema Koi, die erst einmal eingeordnet werden müssen. In letzter Zeit gab es einige Sendungen im Fernsehen zu diesem Thema. Der Koi, der Fisch der Reichen, der Porsche im Gartenteich. Da war unter anderem ein Händler zu sehen, der in einem Cabrio fuhr, den Koi auf dem Beifahrersitz in der üblichen Plastiktüte mit Umkarton in voller Sonne. Wenn der Kunde ein paar Stunden entfernt wohnt, wird es dem Koi ungemütlich warm in seinem Karton. Dann wurde der arme Fisch, immerhin ca. 8.000 Euro wert, in den Teich geschüttet, ohne die Möglichkeit, sich langsam an Temperatur und Wasser zu gewöhnen. So können Sie einen Fisch umbringen! Wenn dieses Verhalten des Händlers der Tatsache und nicht der Dramaturgie des Fernsehregisseurs entspricht, dann würde ich bei diesem Mann

Koi aussuchen macht Spaß. Welcher Fisch soll es denn sein?

keinen Fisch kaufen, auch keinen sehr viel billigeren. Die Gefahr, dass Sie einen minderwertigen oder sogar angeschlagenen Fisch für teures Geld erwerben, ist viel zu groß.

QUALITÄTSUNTERSCHIEDE Was noch nicht im Bewusstsein des deutschen Koi-Käufers angekommen ist, sind die großen Qualitätsunterschiede, die bei den Fischen anzutreffen sind. Was den Koi zu einer Besonderheit unter den Teichfischen macht, ist die Brillanz der Farben und die Vielfalt der Musterung und Beschuppung. Wie groß dieses Qualitätsspektrum sein kann, werden Sie selbst feststellen, wenn Sie verschiedene Händler in Deutschland oder Europa besuchen und Ver-

gleiche anstellen. Heute erreichen Koi Qualitätsstandards, die noch vor 30 Jahren nicht möglich waren. Das liegt an den verbesserten Haltungsmöglichkeiten durch Hochleistungsfilter und optimiertem Futter.

Zoohandel

Ein großes Problem momentan: Viele Händler, die mit Koi-Haltung keinerlei Erfahrung haben, möchten an dem vermeintlichen Geldsegen teilhaben. Wenn der Zoohändler mit dem üblichen Spektrum an Aquarienfischen, Nagern und Haustierfutter „jetzt auch Koi hat", dann werden Sie sicher keine Qualitätskoi bekommen. Damit soll nicht gesagt werden, dass die Koi im Zoohandel grundsätzlich schlecht gehalten werden, aber ein Koi-Kunde ist auf eine kompetente Beratung vom Fachhändler angewiesen, besonders wenn er ein Neuling auf dem Gebiet ist.

Koi auf Ausstellungen kaufen

Koi direkt von der Ausstellung weg zu kaufen, ist ebenso ein Risiko. Die Begeisterung für einen bestimmten Fisch kann das Urteilsvermögen manchmal einschränken. Man hat oft auch nicht die Möglichkeit, den Fisch genauer anzuschauen. Jede Ausstellung ist mit Stress und Gefahren für den Fisch verbunden. Das Tier kann Verletzungen oder Krankheiten davontragen, die man leider erst später bemerkt. Oft zu spät! Der Koi sollte beim Händler erst wieder zur Ruhe kommen, wo man eventuelle gesundheitliche Probleme auch fachgerecht behandeln kann.

Kaufen Sie Koi nur bei einem guten Händler.

Nehmen Sie sich Zeit für den Koi-Kauf. Prüfen Sie genau, ob die Koi ein gesundes Aussehen und Verhalten zeigen.

Wie sieht es bei einem guten Koi-Händler aus?

Mittlerweile gibt es auch in Deutschland etliche Koi-Händler. Sie haben also die Möglichkeit, Vegleiche anzustellen. Nehmen Sie sich die Zeit, verschiedene Betriebe anzuschauen. Dabei werden Sie feststellen, dass es beträchtliche Qualitätsunterschiede gibt. Die Verkaufsanlage enthält meistens mehrere Becken, in denen die Fische nach Größe bzw. Preis sortiert sind. Diese Becken sollten peinlich sauber sein, glasklares Wasser enthalten und die Fische einen munteren und gesunden Eindruck machen. Diese Anlage ist oft überdacht. Möglicherweise hat der Händler auch einen oder mehrere Schauteiche, an denen er Ihnen auch Filtermodelle in Aktion zeigen kann. Oftmals können Sie dort außer Fischen auch Futter, Filter und Zubehör, Kescher und Ratgeber kaufen. Professioneller Koi-Handel ist von vornherein mit vielen Kosten für die Ausstattung der notwendigen Hälterungs- und Verkaufsanlagen belastet.

Dann gehört ein fundiertes Wissen über Zucht, Aufzucht und Krankheiten von Koi dazu, da es sich hier um wertvolle Tiere handelt, die nicht einfach mal so entsorgt werden, wenn etwas schiefgeht, wie es bei Goldfisch und Co. leider der Fall ist! Wenn der Fischbestand des Händlers erkrankt und stirbt, kann es ihn die Existenz kosten. Er ist also darauf angewiesen, möglichst gesunde und gute Tiere einzukaufen, die natürlich in einer einwandfreien Anlage gehalten werden, damit sie auch gesund bleiben. Wer gute Koi verkauft, kann das nicht so nebenbei tun. Gute Händler kaufen direkt in Japan ein, da hier die besten Koi zu bekommen sind. Die Züchter in Japan werden hauptsächlich danach beurteilt, wie viele Ausstellungssieger aus der Zucht hervorgingen. Ich möchte es vergleichen mit der Pferdezucht, deren Erfolg auch abhängig davon ist, wie viele Sieger der Stall hervorgebracht hat.

Koi auswählen

Nur gesunde Tiere erwerben

Gesunde Koi strotzen vor Energie, sie sind stark und munter und gut durchgefärbt. Bei einem guten Händler werden Sie nur gesunde Fische in den Becken sehen. Wenn einige seiner Tiere erkrankt sind, was natürlich auch bei dem allerbesten Händler vorkommen kann, dann wird er sie in Quarantäne halten und nicht zum Verkauf anbieten. Lassen Sie die Finger von Koi, die ein merkwürdiges Schwimmverhalten zeigen oder sich auffällig vom Schwarm absondern, die ausgefranste Flossen haben, einen Messerrücken oder gar gesträubte Schuppen und Glotzaugen. Auch Geschwüre und Pilzbefall sind ein Anzeichen für Krankheit. Tote Fische im Becken sind keine gute Empfehlung für den Händler. Bei Blässe, Mattheit und Verletzungen ist ebenfalls Vorsicht geboten. Selbst harmlose Verletzungen können zu Geschwüren und Pilzkrankheiten führen, da sie das Immunsystem belasten. „Problemfälle" sollte man sich nicht mit nach Hause nehmen, auch wenn sie preislich noch so günstig erscheinen. Sie könnten Krankheitskeime in Ihren Teich einbringen, die Ihren Koi ernsthafte gesundheitliche Probleme bereiten können. Dann ist der vermeintliche Preisvorteil schnell dahin und Sie verlieren unter Umständen viele Tausend Euro durch einen unbedachten Kauf. Ein guter Händler kennt diese Probleme und wird darauf achten, dass sein Fischbestand frei von Krankheiten und somit unbedenklich ist.

Größe, Alter und Qualität

GRÖSSE Ein kleiner, einjähriger Koi misst ca. 10–12 cm. Mit drei Jahren sind es schon 40 cm, mit ungefähr 15 Jahren erreicht er stattliche 80 cm. Je besser das Futter und die Umweltbedingungen, desto größer und schwerer werden Koi. Mit zunehmendem Alter werden sie auch schöner, vorausgesetzt, sie stammen aus einer guten Zucht.

FÄRBUNG Solange Koi klein sind, sehen sie für den Anfänger auch meistens alle gut aus, das heißt die Färbung ist recht intensiv. Wenn Sie allerdings Pech haben, handelt es sich bei Jungkoi beispielsweise um Fische aus Israel oder minderwertigen Blutlinien, die nicht die Farbqualität und Robustheit japanischer Qualitätskoi haben. Diese Tiere sind häufig relativ billig. Ein guter Koi-Händler wird Ihnen solche Fische nicht zum Kauf anbieten, da sie mit wachsender Größe und zunehmendem Alter leider immer unattraktiver

Zweijährige Kohaku von durchschnittlicher Qualität.

INFO

Wie viele Koi dürfen in den Teich?
Koi haben gern Gesellschaft und leben
am liebsten im Schwarm. Aber wie groß
darf so ein Schwarm sein? Wir setzen einmal voraus, dass Ihr Teich ein optimales
Filtersystem hat. Dann kann man bei einer
Mindestgröße von 10 m³ Teichvolumen
8 bis 10 Koi einsetzen. 1 Fisch pro Kubikmeter Wasser ist die Faustregel. Sie darf
aber gerade zu Anfang, wenn die Biologie
des Teiches noch nicht so richtig funktioniert, ruhig unterschritten werden.
Für die Anzahl der Koi ist die Qualität des
Filtersystems und des Wassers ausschlaggebend.

werden. Das Weiß wird gelblich, stumpf und
verliert seine schöne Brillanz. Die Musterung
wird meist verbleichen oder sogar ganz verschwinden, sodass Sie einen zwar freundlichen, aber farblich unscheinbaren Koi in
Ihrem Teich schwimmen haben. Das ist
sicher nicht das, was Sie angestrebt haben.
ALTER Koi können bei guter Pflege recht alt
werden. Man hört zwar, dass Koi sogar so alt
wie Schildkröten werden sollen, aber realisti-
scher ist ein Alter von 30–40 Jahren.
GESCHLECHT Das Geschlecht eines Koi zu
erkennen ist für einen Laien recht schwierig.
Männchen und Weibchen sehen sehr ähnlich aus. Die Weibchen werden allerdings
deutlich größer und schwerer, die Männchen
sind dafür intensiver gefärbt. Außerdem sind
die Brustflossen der Männchen größer und
runder als die der Weibchen.

Ein verantwortungsbewusster Händler versorgt die Koi für den Transport mit Sauerstoff.

Koi transportieren und einsetzen

Transport

Oftmals müssen Sie lange Strecken zurücklegen, um an das Objekt Ihrer Begierde zu kommen. Umso wichtiger ist es, darauf zu achten, dass die Fische optimal für die Reise zum neuen Zuhause versorgt sind. Der Koi reist am besten im geräumigen Plastikbeutel mit ausreichend Wasser und vor allen Dingen mit einer extra Portion Sauerstoff versorgt. Ein Umkarton aus Styropor sorgt für eine gleichmäßige Temperatur und für etwas Schutz vor einer unruhigen Umgebung – nicht nur akustisch, sondern auch visuell.

Wenn Sie einen Händler gut kennen, können Sie den Koi auch per Spedition schicken lassen. Der Händler sollte sich aber mit dem Versand von lebenden Tieren gut auskennen.

Einsetzen der Fische

Das Einsetzen der Koi erfordert viel Geduld. Einen neuen Fisch sofort im Teich schwimmen zu lassen, ist eine gute Möglichkeit, einen von der Fahrt gestressten Koi umzubringen. Deshalb gehen Sie beim Einsetzen bitte folgendermaßen vor:

Bevor Sie die Koi in den Teich lassen, müssen Sie sie langsam an die Wassertemperatur gewöhnen.

Neue Koi und Infektionsgefahr

In jedem Koi-Teich siedeln Keime, gegen die die Koi, die darin leben, immun sind. Wenn nun ein neuer Koi dazukommt, so bringt er seine eigenen Keime mit, die Ihren Bestand infizieren können. Deshalb raten wir Ihnen, sich einen seriösen Fachhändler zu suchen, der je nach Ihrem Qualitätsanspruch ausschließlich israelische, thailändische oder japanische Koi anbietet, und nur bei ihm zu kaufen. Dann sind Sie relativ sicher vor Fremdkeimen, die Ihren Bestand gefährden können. Wenn Sie allerdings bei Auktionen oder verschiedenen Händlern einkaufen, kommen Sie um ein optimal gefiltertes Quarantänebecken nicht herum.

1 Legen Sie zuerst den geschlossenen Beutel für mindestens eine halbe Stunde auf das Wasser. So hat der Koi die Möglichkeit, sich allmählich an die neue Temperatur anzupassen.

2 Dann öffnen Sie den Beutel und lassen innerhalb einer Viertelstunde Teichwasser in kleinen Mengen in den Beutel fließen.

3 Erst dann, wenn der Beutel nach und nach gefüllt wurde, kann der Neuzugang aus seinem Behältnis befreit werden.

Koi wirken am schönsten und beeindruckensten, wenn sie richtig groß sind. Doch wie bleiben Sie auch gesund und schön? Was und wie viel füttert man ihnen bei welchen Temperaturen? Diese Fragen wollen wir nun klären.

Koi richtig füttern

Was mag ein Koi?

Koi sind verfressene Fische, aber keine Allesfresser. Bevor ein Koi aufgenommenes Futter herunterschluckt, kaut er ein bisschen darauf herum und spuckt aus, was ungenießbar ist oder ihm nicht schmeckt. Man sollte deshalb sorgfältig auswählen, was man seinen Koi vorsetzt, denn verschmähtes Futter belastet nur das Wasser und schadet so den Tieren. Nicht in den Koi-Teich gehören Forellenfutter, Schlachthausabfälle und Essensreste. Futtermittel für Gartenteichfische ist für Bewohner von Naturteichen gedacht, also als Zusatzfutter zur Naturnahrung, und nichts für Koi. Raupen, Schnecken und Würmer aus dem Garten werden gerne genommen, sollten aber auf gar keinen Fall mit irgendwelchen Giftstoffen in Berührung gekommen sein. Hin und wieder kann man ein Stückchen Brot, einige Salatblätter oder auch einige gekochte Kartoffeln oder etwas Mais geben. Als Alleinfutter ist das auf keinen Fall gedacht. Wenn Sie Ihre Fische in Topkondition halten wollen und die brillante Farbe erhalten bleiben soll, brauchen Ihre Fische ein speziell auf ihre Bedürfnisse abgestimmtes Futter.

Alleinfuttermittel

Als Fischwirtschaftsmeister hat Robert Hilble eine hervorragende Kenntnis von Futterzusammensetzung und -herstellung, auch vom

Zeigen Sie Ihren Kindern, wie sie die Koi richtig füttern.

Nahrungsbedarf der Koi. Deshalb hat er ein Alleinfuttermittel entwickelt, das einerseits auf den Erkenntnissen japanischer Züchter und Futtermittelhersteller basiert und andererseits unsere Klima- und Wasserverhältnisse berücksichtigt. Durch die ideale Nährstoff- und Vitaminkombination sind die Koi durch dieses Futter bestens versorgt, auch wenn keine Naturnahrung vorhanden ist. Da die Koi-Perlen von fester Struktur sind, belasten sie das Wasser nicht, auch wenn sie nicht

Koi werden zutraulich und fressen aus der Hand.

sofort gefressen werden. Um der Gefahr der Überfütterung zu entgehen, ist der Proteingehalt der Koi-Perlen niedriger als bei japanischen Futtermitteln. Dies ist wichtig bei ph-Werten über 7,5. Durch Inhaltsstoffe wie hochwertiges Shrimpsmehl und Spirulina, eine Meeresalge, werden zusätzlich Intensität und Leuchtkraft der Farben verstärkt.

Konditionsfutter

Mit einem speziellen Konditionsfutter können Sie Ihre Koi versorgen, wenn die Temperaturen fallen. Füttern Sie es, wenn die Wassertemperaur auf 8–10 °C gesunken ist. Unter 8 °C bitte kein Konditionsfutter mehr füttern, da die Fische das Futter nicht mehr richtig verdauen. Das Konditionsfutter muss sehr sparsam dosiert werden. Nicht öfter als jeden zweiten. oder dritten Tag füttern. Das Futter kann natürlich auch im Sommer gefüttert werden, aber da es auf den Boden sinkt, werden Sie von Ihren Koi nicht sonderlich viel zu sehen bekommen, da sie zum Fressen nicht mehr an die Oberfläche schwimmen.

Futtergrundregel
Füttern Sie Ihren Koi nicht mehr, als sie
innerhalb von einer Minute auffressen.
Übrige Futterreste wirken sich negativ auf
die Wasserwerte im Teich aus.

Ichiban

Dieses speziell für Koi-Züchter entwickelte
Futter kommt ursprünglich aus Japan. Mittlerweile wird es auch hier hergestellt. Ichiban
bedeutet „Nr. 1" und ist ein Spitzenfutter, das
die Koi farblich und konditionell in Höchst-
form bringt. Allerdings sollte man regelmäßig den ph-Wert des Teichwassers kontrollieren. Dieses Hochleistungsfutter hat einen
Proteingehalt von 38 % und kann bei hohen
ph-Werten die Kiemen schädigen. Bei einem
ph-Wert über 8,0 nicht mehr füttern! Viele
Japaner füttern ihre Spitzenkoi in den Wochen vor Ausstellungen nur noch mit Ichiban. Es hat einen höheren Spirulinagehalt
und verstärkt Farbintensität und Glanz ganz
wesentlich. Wenn Sie Ichiban gleichmäßig
füttern wollen, sollten Sie einen Teil Ichiban
und zwei Teile Koi-Perlen nehmen.

Seidenraupenpuppen

Mit diesem Zusatzfutter werden Jumbos
gemacht. Regelmäßige Zufütterung ab 18 °C
gibt Ihren Koi schnell ein imponierendes Kör-
pervolumen. Bei einer optimalen Wassertemperatur von 23–26 °C können Sie Ihren Koi

Dank richtigem Futter ist dieser Ogon zu einem imposanten
Prachtexemplar seiner Art herangewachsen.

beim Wachsen zuschauen. Liegen die Temperaturen allerdings niedriger, sind Koi allerdings nicht in der Lage, dieses energiereiche
Futter auszunutzen. Die begehrten Jumbo-

Seidenraupenpuppen

Stärkung im Frühjahr

Wenn neu importierte Koi durch Krankheiten, Parasiten oder lange Überwinterung eine Konditionsschwäche haben, dann empfiehlt sich eine Behandlung mit jodfreiem Koch- oder Viehsalz. Dosierung 5 kg/m³. Dies kräftigt die Koi und senkt außerdem die Giftigkeit von Ammoniak und Nitrit. Achtung: Das Salz nicht vorher auflösen, sondern direkt in den Teich geben, damit es sich dort langsam auflöst. Die Fische müssen sich allmählich an die Salzkonzentration gewöhnen und auch wieder entwöhnen. Wasserpflanzen stehen diese Prozedur meist nicht durch.

Futterzusätze

ROTFÄRBUNG Damit Koi mit Rotanteil wie Kohaku, Sanke, Showa etc. ihre schöne, intensive Rotfärbung behalten, sollte das Futter Karotin in Form von Spirulina-Meeresalgen enthalten. Das Rot verschwindet sonst im Lauf der Jahre und kommt nicht wieder.
KNOCHENAUFBAU Regelmäßige Gaben von Refresh, einem Tonmineral aus Japan, verbessern nicht nur die Hautqualität der Fische, sondern sind auch für den Aufbau des Knochengerüstes wichtig.

Koi von 7 BU und mehr sind fast immer das Resultat von Seidenraupenpuppen-Zusatzfütterung. Auf gar keinen Fall in Teichen ohne spezielle Filteranlagen verfüttern.

Koi-Perlen

Ichiban

Tägliche Pflegemaßnahmen

Fischpflege

Die Koi-Pflege beschränkt sich normalerweise auf das tägliche Füttern. Überprüfen Sie beim Füttern, ob die Tiere Parasiten haben oder irgendwelche Krankheitsanzeichen zeigen. Am wichtigsten ist diese Kontrolle im Herbst, damit die Koi nicht mit Parasitenbefall in die Überwinterungphase gehen.

Teichpflege

Die Hauptpflegemaßnahmen betreffen den Teich und den Filter. Tägliche Wasserkontrolle ist Pflicht, zumindest die ersten ein bis zwei Jahre. Dann kennt man den „Organismus Teich" meistens gut genug, um auch ohne Messung kleinste Veränderungen festzustellen. Das können Trübung, Geruch,

Der Filter ist gut versteckt unter der Holzterrasse. Täglich muss überprüft werden, ob er einwandfrei funktioniert.

Farbveränderung oder auch auffälliges Verhalten der Fische sein. Das Funktionieren der Technik muss täglich überprüft werden, damit der Filter störungsfrei arbeitet. Den Belüftern sollte dabei besondere Beachtung geschenkt werden, damit die Bakterienkulturen im Filter genügend Sauerstoff haben. Bei einer durchdachten Anlage sind das nur wenige Handgriffe. Wenn der mechanische Filter und die Filterbürsten verschmutzt sind, müssen sie mit klarem Wasser durchgespült werden. Reinigungsmittel sollten dabei aber nicht verwendet werden, klares Wasser genügt. Die Gefahr, die Fische durch Reinigungsmittel zu vergiften, ist sehr groß. Wenn Sie einen Hochdruckreiniger verwenden: Auf keinen Fall sollten Sie damit die Filtermatten reinigen. Die mühsam aufgebaute Bakterienkultur wird auf diese Weise zerstört und die Wasserprobleme nehmen kein Ende mehr.

Prüfen Sie vor einer Urlaubsreise die Gesundheit Ihrer Koi.

Versorgung im Urlaub

WAS SIE VORHER TUN SOLLTEN

▶ Überprüfen Sie rechtzeitig vorher die Gesundheit Ihrer Fische. Müssen noch spezielle Maßnahmen ergriffen werden?

▶ Reinigen Sie den Filter von groben Verschmutzungen.

▶ Überprüfen Sie, ob die Technik (Belüftung, Filter, Pumpen, UV-Lampen) einwandfrei funktioniert.

▶ Kümmern Sie sich rechtzeitig um einen Ersatzpfleger. Machen Sie ihn mit der Technik vertraut. Er sollte täglich überprüfen, ob alles funktioniert, und evtl. Probleme wie Stromausfall sofort beheben.

▶ Füttern ist bei einer Abwesenheit von zwei bis drei Wochen nicht nötig. Wenn der Ersatzpfleger doch füttern soll, dann sollte er sich mit Fischen und der Teichpflege auskennen. Bereiten Sie die richtigen Portionen vor.

▶ Bereiten Sie eine schriftliche Anleitung vor, wie die Geräte überprüft werden und was man im Notfall tun muss. Hinterlassen Sie die Anschrift Ihres Koi-Händlers, eines Tierarztes und natürlich Ihre Urlaubsadresse.

WAS SIE VORHER NICHT TUN SOLLTEN

▶ Behandeln Sie die Fische nicht direkt vor dem Urlaub mit Medikamenten.

▶ Ebenso wenig sollten Sie kurz vor Ihrer Abreise den Teich desinfizieren.

▶ Setzen Sie auch keine neuen Fische ein, da sie aufmerksam beobachtet werden sollten.

Jahreszeitliche Arbeiten

Filter reinigen

Die meiste Arbeit fällt an, wenn die Filter gründlicher gereinigt werden müssen. Aber auch dann hält sich die Schufterei in Gren-

Ein mit Kunststoffkugeln abgedeckter Teich mit einer Fütterungsöffnung. In der Regel kann die Temperatur bis Dezember bei 15 °C gehalten und die Koi können gefüttert werden.

zen, wenn Sie vernünftig geplant haben und einen Anschluss an den Abwasserkanal haben. Dann kann man die Filter relativ flott durchspülen. Die Reinigungsintervalle sind abhängig von der Belastung der Filter und der Filtergröße. Den ersten Hinweis bekommen Sie durch die Wasserkontrollen. Wenn die Werte nicht optimal sind, sollten Sie die Filteranlage überprüfen und eventuell gründlich reinigen. Doch vorsichtig vorgehen. Die Filtermatten müssen dabei immer im Wasser sein, sonst sterben die Bakterien ab. Den biologischen Filter auf gar keinen Fall mit Reinigungsmitteln oder Hochdruckreiniger säubern. Ein sanfter Wasserstrahl aus dem Gartenschlauch reicht, um die Matten durchzuspülen. Mit jedem Reinigungsvorgang zerstören Sie wertvolle Bakterienpopulationen.

Koi-Teich abdecken

Wenn es so kalt wird, dass nicht mehr gefüttert werden kann, sollte der Teich abgedeckt werden. Die Koi sind dann ruhiger und können stressfreier überwintern, außerdem sind die Wärmeverluste wesentlich geringer. Sie können zum Beispiel den Teich mit Strohmatten abdecken. Wir sind dazu übergegangen, spezielle schwarze Kunststoffhohlkugeln zu nehmen, die wesentlich einfacher in der Handhabung sind. Sie sind äußerst langlebig, isolieren effektiver gegen Kälte und verändern die Optik der Teichanlage nicht wie eine sperrige Abdeckung. Sie benötigen nicht so viel Lagerplatz wie Gerüststangen, Matten u. Ä. und sind leicht. Man gibt sie im Herbst einfach ins Wasser und im Frühjahr fischt man sie mit einem Kescher wieder ab.

Filter und Bakterien im Winter

Eine weit verbreitete Unsitte ist es, den Filter im Winter abzuschalten. Der Stoffwechsel der Fische ist zwar verlangsamt, aber er kommt nicht vollständig zum Erliegen! Die Fische produzieren weiterhin Abfallstoffe, wenn auch in geringerem Maße. Auch die Bakterien arbeiten weniger, wenn es kalt ist; ihre Dichte ist im Winter etwas verringert. Aber wenn Sie den Filter stilllegen, stirbt Ihre gesamte Bakterienpopulation, und im Frühjahr, wenn die Fische munterer werden, haben Sie katastrophale Wasserwerte. Eine Schädigung der Koi ist sicher. Da ist es doch günstiger, eine Teichheizung einzusetzen. Der Filter kann auch nicht einfrieren und die Bakterien können überleben. Ihre Koi werden es Ihnen mit stabilerer Gesundheit danken.

Wenn Schnee den Garten in ein weißes Kleid hüllt, ...

Pflegemaßnahmen im Jahresverlauf	
Monat	**Pflegemaßnahmen**
Januar–Februar	Der Teich ist abgedeckt, Mindestwassertemperatur liegt bei 4–6 °C. Keine Fütterung, die Belüftung läuft normal, Wasserpumpe und Filterung laufen mit kleiner Leistung, ca. 20–50 % vom Sommerdurchsatz.
März	Den Teich abgedeckt lassen und konstant jede Woche um 1–2 °C hochheizen. Ab 10–12 °C vorsichtig mit dem Füttern beginnen. Die ersten 5–7 Mal im Abstand von 2 Tagen nur Haferflocken oder gekochten Reis geben.
April	Bis Ende April auf 18–20 °C heizen. Wenn es die Witterung zulässt, 50 % der Abdeckung entfernen. 14 Tage später komplett abdecken. Tägliche Fütterung mit hochwertigem Koi-Futter.
Mai–September	Mindestens 20 °C halten, volle Fütterungsperiode, dennoch öfters einmal einen oder mehrere Diät-Tage einlegen (zum Beispiel im Urlaub nicht füttern).
Oktober–Dezember	Wenn möglich, bis Ende November 15 °C halten und nur noch ca. 50 % der Futterration geben. Wenn es die Witterung zulässt, bis Mitte/Ende Dezember noch 10–12 °C halten und nur noch sparsam jeden 2. bis 3. Tag füttern. Teich abdecken und Heizung drosseln, bis die Temperatur wieder bei 6 °C ist.

... ist ein rotes Tori ein besonderer Farbtupfer.

Wie sich Koi vermehren

Koi-Zucht im Gartenteich

Weibliche Koi sind mit 4 Jahren laichbereit, die Männchen sind es bereits mit 3 Jahren.

HEKTISCHES TREIBEN Das Brutgeschäft der Koi beginnt im Mai/Juni, wenn die Wassertemperatur auf angenehme 21–23 °C gestiegen ist. Bei kaltem Wetter kann es Verzögerungen bis in den Juli geben. Dann beginnt eine ungewohnt hektische Betriebsamkeit im Teich. Einige Männchen jagen ein laichbereites Weibchen durch das Wasser, dass es nur so brodelt. Das Laichspiel der Männchen stimuliert die Weibchen zum Laichen.

ABLAICHEN Nun benötigt das Weibchen einen Platz, an dem es die klebrigen Eier befestigen kann. In der Natur sind dies meist Wasserpflanzen, im Teich helfen wir mit langen Strängen künstlichem Laichgras, Kinran, aus. Sie werden dicht unter der Wasseroberfläche angebracht, wo das Wasser am wärmsten ist. Das Weibchen legt im Durchschnitt 200.000 Eier pro kg Körpergewicht. Etwa 10 % der Eier reifen heran, die anderen sterben ab. Nach der Ablage quellen die Eier auf das acht- bis zehnfache Volumen auf. Da die Eier sehr empfindlich sind und bald nach der Eiablage absterben, müssen die Männchen sehr schnell sein, um den Laich zu befruchten – deshalb die unübliche Hast.

NACH DEM LAICHEN Was im ersten Moment so attraktiv erscheint, nämlich ganz viele Jungkoi umsonst zu bekommen, kann sich bald als Belastung herausstellen. Nach dem Laichen verschlechtern sich die Wasserwerte rasch, da sich die Laichprodukte meist sehr schnell unter Ammoniakbildung zersetzen. Der Filter muss oft kontrolliert werden, da er durch den klebrigen Laich zugesetzt werden

kann. Deshalb ist für die Koi eine Fastenzeit angesagt, um die Kiemen nicht zu sehr zu belasten. Wenn der Nachwuchs am Leben bleiben soll, dann müssen Sie schneller als die Koi-Eltern sein und die Babys in Sicherheit bringen, (◉ Koizucht, S. 102). Doch erwarten Sie von der Zucht im Teich nicht zu viel: Wenn Ihre kleinen Koi heranwachsen sollten, werden Sie sicherlich enttäuscht sein.

Sind Koi in Paarungsstimmung, dann geht es wild zu.

Sie sind meist unscheinbar und sehen durchaus nicht so aus, wie Sie sich das vermutlich vorgestellt haben. Aber eines können Sie genauso gut wie die schönen Eltern: fressen. Sie müssen sich gut überlegen, ob Sie an Ihren Teich anbauen und eine extra Kinderstube einrichten oder ob Sie der Natur ihren Lauf lassen wollen. Die Elterntiere fressen häufig die Brut, die sie erbeuten können.

Vorsichtiges Handling ist für einen Züchter und Händler das oberstes Gebot.

Professionelle Koi-Zucht

Die Profizüchter legen hohen Wert auf die
Auswahl der Elterntiere, denn von der Qualität der Eltern hängt der Zuchterfolg ab. Ob
die Entscheidung für bestimmte Tiere richtig
war, wird sich zeigen, wenn die Brut groß
genug ist, um beurteilt zu werden. Fällt das
Ergebnis nicht zufriedenstellend aus, muss
mit anderen Tieren oder anderen Paarungen
weitergemacht werden. Die Zucht ist dann
ein Erfolg, wenn der Züchter Champions hat,
die in Japan bei Ausstellungen gewonnen
haben. Es gibt zwei Möglichkeiten der Zucht:
ZUCHT IM TEICH Man setzt die ausgewählten
Elterntiere in einen Teich mit künstlichem
Laichgras, Kinran, und wartet, bis die Natur
ihren Lauf genommen hat. Allerdings gibt es
bei dieser Methode etwa 20–30 % Verluste

aufgrund unbrauchbarer Eier. Außerdem
müssen die Elterntiere bald nach dem Laichen entfernt werden, sonst fressen sie ihre
eigene Brut auf.
KÜNSTLICHE BEFRUCHTUNG Diese Gefahr
gibt es bei der künstlichen Befruchtung nicht.
Dabei werden Eier und Sperma der Elterntiere in eine Wanne abgestreift und vermischt.
Nach der Befruchtung werden die Eier auf
Kinran gegeben. Die Wassertemperatur
beträgt etwa 24–25 °C. Grad. Der Teich ist
gründlich desinfiziert, damit die Eier nicht
verpilzen. Außerdem müssen die Becken gut
mit Sauerstoff versorgt werden, damit die
Eier nicht absterben. Der Boden ist mit
einem feinen Netz bedeckt, damit die
geschlüpften Tiere aufgenommen wer-

Laichbürste

den können. Bald schon kann man die Augen
der Embryonen in den erfolgreich befruchte-
ten Eiern sehen, die anderen sind weiß. Nach
etwa zwei Tagen schlüpfen die ersten Koi-
Babys. Nach vier bis fünf Tagen wird der Kinran entfernt und die Jungbrut kommt in
einen Schlammteich. Das ist ein Erdteich, der
im Herbst zuvor abgelassen und mit Kalk
desinfiziert wurde. Neu eingebrachte Erde
und Dünger sorgen dafür, dass sich eine
große Menge Wasserflöhe, *Cladocera Daph-
nia*, bilden kann, von denen sich die Jungbrut
hauptsächlich ernährt. Sobald der Teich grün
wird, weiß der Züchter, dass die Wasserflöhe

so weit dezimiert sind, dass die Brut mit
Trockenfutter in Pulverform ernährt werden
muss. Sollte dieser Moment verpasst werden, verhungern die Kleinen und gehen ein.
Nach ungfähr 40 bis 50 Tagen beginnt die
erste Selektion der Zatsu, so nennt man die
farblosen Fische. Bald darauf folgen weitere
Selektionen, so lange, bis die besten übrig
bleiben. Da auch in Japan die Gefahr der
Umweltverschmutzung besteht und saurer
Regen oder Grundwasserprobleme die empfindliche Brut gefährden können, werden sie
in Innenbecken umgesiedelt, wo man die
Wasserqualität besser kontrollieren kann.

Krankheiten erkennen

Hier werden ganz bewusst keine ausführli-
chen Anleitungen zur Behandlung von Fischkrankheiten gegeben, da zum einen die beste
Behandlung in der Prävention liegt, zum
anderen ernsthafte Erkrankungen in die
Hand eines erfahrenen und auf Fische spe-
zialisierten Tierarztes gehören. Die meisten
Medikamente sind ohnehin verschreibungs-
pflichtig. Wenn Sie die Symptome nicht richtig deuten, können solche falschen Eigendia-
gnosen und Behandlungen mit Medikamenten sehr schlimme Schäden anrichten.

Normales Verhalten ...

Sind Fische krank, ändern sie ihr Verhalten.
Koi sind normalerweise recht ruhige
Schwarmfische. Sie schwimmen entspannt
durch den Teich, suchen Futter oder dösen
gemütlich vor sich hin, sie sonnen sich oder
suchen den Schatten, je nach Wetterlage.
Richtig munter und schnell werden sie, wenn
es Futter gibt. Dann schwimmen sie mit kräf-
tigen Schwanzschlägen so schnell wie möglich auf die Nahrungsquelle zu. Wenn sie irritiert oder nervös sind, weil Sie vielleicht versuchen, einen Koi einzufangen, oder irgendwelche Arbeiten am Teich durchführen, dann
schwimmen sie relativ schnell als kompakter
Schwarm zusammen durch das Becken.

... und auffälliges Verhalten

Wenn ein Fisch krank ist, sondert er sich meistens von den anderen ab. Es kann sein, dass
er die Flossen einklemmt und auf einer Stelle
bleibt. Schwimmt er nahe der Oberfläche und
pumpt heftig mit den Kiemendeckeln, hat er
vermutlich Probleme mit den Kiemen. Bei
Hautproblemen oder Parasitenbefall scheu-

Ein sehr schöner und gesunder Shiro Bekko.

Beobachten hilft Krankheiten erkennen
Achten Sie bei der täglichen Fütterung auf Veränderungen im Wesen. Hat ein Fisch keinen Appetit? Dann sollten Sie ihn genauer beobachten. Zeigt er Veränderungen in der Körperform, wie sieht die Haut aus? Hat er Parasiten oder Pilze? Notieren Sie am besten Ihre Beobachtungen, dann können Sie bei einem eventuellen Tierarztbesuch detaillierter Auskunft geben. Das erleichtert dem Arzt die Diagnose.

ert er sich an der Beckenwand oder springt sogar aus dem Wasser. Dabei kann er auch außerhalb des Teiches landen.

AUS DEM TEICH GESPRUNGENE KOI Falls Sie ein Quarantänebecken haben, bringen Sie ihn schnellstens dahin und untersuchen ihn auf Verletzungen. Stellen Sie fest, ob er ärztlich versorgt werden muss, aber versuchen Sie, unnötigen Stress für den Koi zu vermeiden. Manchmal ist es besser, wenn die Verletzung nicht gefährlich ist, ihm einfach einige Zeit Ruhe zu gönnen. Wenn Sie erst nach einigen Minuten merken, dass ein Tier aus dem Becken gesprungen ist, versuchen Sie auf jeden Fall, es wieder zu beleben. Halten Sie den Fisch in ein gut belüftetes Becken mit Teichwasser und bewegen Sie ihn langsam vor und zurück, sodass das Wasser durch die Kiemen fließen kann. Aber seien Sie geduldig: Es kann unter Umständen bis zu 2 Stunden dauern, bis der Koi wieder selbstständig atmet. Nach ein paar Tagen Ruhe kann er wieder in den Teich zurückgesetzt werden.

Nützen Sie das Füttern mit der Hand, um ihre Tiere genau auf Parasiten zu kontrollieren.

Haltungsfehler als Krankheitsursachen

Der Koi ist eigentlich ein unkomplizierter Fisch, wenn er seinen Bedürfnissen entsprechend gehalten wird.

TEMPERATUR In der Hauptsache treten Probleme bei zu kaltem Wasser auf. Im kalten Wasser ist der Koi weitaus anfälliger gegen Krankheiten als im wärmeren Wasser, wo sein Immunsystem in Topkondition ist. Aber nicht nur die Temperatur ist ausschlaggebend, sondern die Wasserwerte müssen optimal eingestellt sein. Doch seien Sie vorsichtig mit chemischen Wasserverbesserern.

Diese können unter Umständen den Fischen schaden. In einem Teich mit optimaler Filteranlage sind diese Mittel nicht notwendig.

HYGIENE Achten Sie auf eine einwandfreie Hygiene im Teich. Wir haben das Thema Wasser ausführlich behandelt, um zu klären, welchen Gefahren Koi durch eine schlechte Wasserqualität ausgesetzt ist. Bei mangelnder Teichhygiene treten vermehrt bakterielle Erkrankungen auf, denen gesundheitlich geschwächte Fische leichter zum Opfer fallen. Diese bakteriellen Erkrankungen sind auch im warmen Wasser anzutreffen.

Die häufigsten Erkrankungen

Pilze (Saprolegnia)

Pilze befallen bevorzugt Laich, tote Tiere und verletzte Koi, die dann Beläge wie von Watte zeigen. Bei guter Teichhygiene sind diese Pilze kein Problem, deshalb sollte man abgestorbene Eier gleich entfernen und natürlich tote Tiere sofort herausfischen. Manchmal sind diese Pilze auch mit Algen vergesellschaftet, was sie dann grün aussehen lässt.

Viren

▶ **KARPFENPOCKEN** Ganz typisch bei zu kalter Haltung oder nach langen Wintern ist der Befall mit Karpfenpocken. Auf Körper und Flossen erscheinen gelee- oder wachsähnliche Erhebungen beziehungsweise Wucherungen von weißlicher, grauer oder rosa Farbe. Die Pocken werden von einem Herpesvirus hervorgerufen. Bei steigender Temperatur und bester Hälterung verschwinden die Pocken meistens von alleine wieder.

▶ **KOISEUCHE** Sie erfolgt durch Herpesviren verursacht, ist ansteckend und unheilbar. Die Fische zeigen ein apathisches Verhalten und haben Atemprobleme. Der Nachweis erfolgt nur über eine Laboruntersuchung.

Tumore und Geschwüre

Es ist sehr schwierig zu erkennen, welche Ursachen Tumore und Geschwüre haben und wie sie behandelt werden müssen. Hier ist auf jeden Fall der erfahrene Tierarzt zu konsultieren. Tumore der inneren Organe können nur mittels Röntgenaufnahme oder Ultraschalluntersuchung festgestellt werden.

Bakterielle Infektionen

Zu den häufigsten Erkrankungen von Fischen gehören diverse bakterielle Infektionen wie Flossenfäule, Mundfäule, und Kiemennekrose. Bei diesen Infektionen entzündet sich das Gewebe und wird zerstört. Ähnlich schreckliche Auswirkungen haben Geschwüre, die förmlich Löcher in den Körper fressen. Das kann sogar bis zum Austreten innerer Organe führen. Bauchwassersucht oder Schuppensträube lässt aufgrund innerer Flüssigkeitsansammlung die Augen hervortreten und die Schuppen abstehen, bis der Fisch ähnlich wie ein Tannenzapfen aussieht.

Koi sind Schwarmfische. Sondert sich ein Fisch ab, ist er möglicherweise krank.

BEHANDLUNG Bakterielle Erkrankungen müssen mit Antibiotika behandelt werden und gehören in die Hände des Facharztes. Er wird die Erreger per Abstrich bestimmen, um das richtige Medikament für die Behandlung zu finden. Auf gar keinen Fall dürfen Sie ohne tierärztlichen Rat auf Verdacht irgendwelche Antibiotika in den Teich schütten. Sie zerstören sonst dessen empfindliche Biologie.

▶ **INFEKTIÖSE BAUCHWASSERSUCHT** Diese wohl am häufigsten zu beobachtende Krankheit bei karpfenartigen Fischen wird von Bakterien der Aeromonas-Gruppe und durch Viren verursacht. Man unterscheidet eine akute und eine chronische Form. Die akute Form äußert sich sehr überraschend. Von einem Tag auf den anderen sind befallene Fische plötzlich sehr matt, sie zeigen Gleichgewichtsstörungen und lassen sich leicht einfangen. Da es in ihrem Körper zu einer starken Flüssigkeitsansammlung kommt, quellen die Augen aus dem Kopf (Glotzaugen). Die Schuppen sträuben sich und stehen vom Körper ab. Der Fisch sieht aus wie ein Tannenzapfen. Außerdem quillt häufig auch Eiter aus dem After. Eine Rettung dieser Fische ist oft nicht mehr möglich. Ein bis zwei Tage später geht der Fisch meist ein. Die chro-

nische Form der Bauchwassersucht zieht sich über einen längeren Zeitraum hin, verschwindet wieder und kann dann plötzlich erneut zum Ausbruch kommen. Als typische Krankheitsbilder treten eitrige, blutige und meist anfangs von einem Pilz begleitete Geschwüre auf. Oftmals sind diese Wunden so tief, dass man die Gräten, manchmal sogar die Eingeweide der Fische sehen kann. Im Gegensatz zur akuten Form ist hier in der Regel bei rechtzeitigem Eingreifen eine Heilung möglich. Da die Aeromonaden zur natürlichen Bakterienflora des Wassers gehören, können gesunde Fische ihnen auch widerstehen.

Parasiten

Parasiten können auf unterschiedliche Art und Weise in den Teich gelangen: mit dem Wasser, wenn es aus natürlichen Ressourcen stammt, mit Wasserpflanzen und mit neuen Koi. Auch hier gilt: Optimale Wasserwerte und gute Teichhygiene lassen Parasiten gar nicht erst zum Zuge kommen. Einzelne Parasiten sind nicht unbedingt ein Problem, müssen aber gut beobachtet werden. Sie vermehren sich erst dann drastisch, wenn sie den geeigneten Wirt gefunden haben: geschwächte Koi. Aber auch gesunde Koi sollte man immer aufmerksam betrachten, damit man

Maßnahmen rechtzeitig einleiten kann, bevor der Befall zu groß ist. Das geht wunderbar, wenn man seine Koi an Handfütterung gewöhnt hat, dann kann man sie gut auf äußerlich sichtbare Parasiten kontrollieren. Mikroskopisch kleine Parasiten wie Haut- und Kiemenwürmer oder Einzeller wie Trichodina oder Ichthyophtirius können durch einen Haut- und Kiemenabstrich von einem Tierarzt festgestellt werden. Man sollte notwendige Parasitenbehandlungen rechtzeitig im Jahr durchführen, damit die Koi Zeit haben, sich von der stressigen Behandlung erst wieder zu erholen, bevor sie in die anstrengende Überwinterungsphase gehen.

INNENPARASITEN Der Befall mit Innenparasiten ist oftmals schwer zu erkennen. Hierbei handelt es sich meist um diverse Wurmarten oder Einzeller. Der Fisch kann auffällig stark abmagern oder ungewöhnlich dick sein. Die Ursache für diese Veränderungen kann aber auch von anderen Krankheiten hervorgerufen werden. Das muss der erfahrene Tierarzt durch eine Untersuchung abklären.

AUSSENPARASITEN Die häufigsten und mit bloßem Auge sichtbaren Parasiten sind Fischegel, Karpfenlaus und Ankerwurm. Sie sind Blutsauger. Die Bissstellen können sich entzünden und dann Probleme bereiten.

► **KARPFENLAUS** *(Argulus foliaceus):* Dieser Parasit wird bis zu 6 mm groß und gehört trotz seines Namens zu den Ruderfußkrebsen. Der Körper des Parasiten ist abgeflacht und kreisförmig. Er ist durchsichtig und deshalb sieht man von ihm nur die großen schwarzen Augen. Der Parasit saugt das Blut und die Gewebeflüssigkeit des Wirts. Um die Einstichstelle entstehen meist Entzündungen und Schwellungen. Bei allzu starkem Befall kann der Fisch sogar sterben.

► **FISCHEGEL** *(Piscicola geometra):* Dieser mit dunklen Querbändern oder Ringen versehene Egel kann bis zu 3 cm lang werden. Schon allein durch seine Größe fällt er auch einem ungeübten Betrachter auf. Der Körper ist recht schlank und runder als bei den meisten anderen Egelarten. Vereinzelte Fischegel können gesunde Koi nicht töten. Allerdings können sich die Bissstellen auch entzünden. Bei starkem Befall werden sie den Fischen gefährlich. Eine Behandlung ist nötig.

Nehmen Sie sich Zeit, Ihre Koi regelmäßig zu betrachten, damit sie Krankheiten rechtzeitig erkennen.

▶ **ANKERWURM** *(Lernea cyprinacea):* Dieser Ruderfußkrebs wird bis zu 15 mm lang. Er bohrt sich in die Haut des Fisches hinein. Es sieht aus, als wären dünne Drähte mit farbloser Hülle in die Haut gesteckt. Diese Stellen sind auch meist stark entzündet.

▶ **HAUT- UND KIEMENWÜRMER** sind nur unter dem Mikroskop sichtbar. Symptome: Die Fische scheuern sich und atmen ungewöhnlich schnell. Die Behandlung erfolgt durch verschreibungspflichtige Mittel vom Tierarzt.

▶ **EINZELLIGE PARASITEN** Zu dieser Gruppe zählen verschiedene Arten einzelliger Geißeltierchen wie z. B. Costia, Chilodonella, Trichodina. Diese Parasiten treten vor allem kurz vor dem Winter auf oder nach langen kalten Wintern, bei schlechter und zu dichter Haltung. Die Fische sind mit einem bläulichweißen schleierartigen Belag überzogen, teilweise löst sich die Haut in Fetzen vom Körper. Diese Krankheiten breiten sich vor allem bei hohem Fischbesatz sehr schnell aus und verlaufen bei Jungfischen meist tödlich.

TIPP

Arzneimitteldosierung
Wenn Sie Pobleme haben, die Medika-
mente für Ihre Koi genau abzuwiegen oder
zu messen, dann bitten Sie Ihren Tierarzt,
Ihnen die Arzneimittel in der richtigen
Dosierung für Ihren Teich zu geben.

Diese beiden Koi könnten etwas mehr Futter vertragen.
Richtige Ernährung und gute Wasserqualität sind die beste
Gesundheitsvorsorge für Koi.

▶ **GRIESSKÖRNCHENKRANKHEIT** (*Ichthyophtirius*-Befall) Diese Krankheit wird von dem
Wimperntierchen *Ichthyophtirius multifilius*

verursacht. Sie ist erkennbar an kleinen weiß-
lichen Knötchen auf der Haut und den Flossen der Fische. Die Tiere sehen aus, als seien
sie mit feinem Grieß bestreut. Diese Parasiten werden begünstigt durch zu hohen Fischbesatz bei gleichzeitig schlechter Wasserqualität oder ständige Zugabe großer Mengen an
frischem Wasser in den Koi-Teich.

▶ SYMPTOME	▶ URSACHE	▶ BEHANDLUNG
Tiere zeigen watteartige Beläge	Pilze, z.B. Schimmelpilze (Aspergillus)	Tierarzt aufsuchen, Haltungsbedingungen verbessern, Desinfektionsmittel auf Malachitgrün-Basis verwenden
wachsähnliche Erhebungen/ Wucherungen von weißlicher, grauer oder rosa Farbe	Karpfenpocken	Tierarzt aufsuchen, Haltungsbedingungen verbessern (Teichtemperaturen im Jahresmittel um 3–4 °C erhöhen)
Fische sind matt, zeigen Gleichgewichtsstörungen, Augen quellen aus dem Kopf, Schuppen sträuben sich, eitrige Körperstellen	Infektiöse Bauchwassersucht aufgrund von Bakterien, Viren, Tumoren	bei bakterieller Infektion Antibiotika vom Tierarzt; Virusinfektion: unheilbar; Tumore: eventuell Operation
Befall von kreisförmigen durchsichtigen Parasiten, deren Augen man sieht, bis 6 mm groß, Entzündungen an den Einstichstellen	Karpfenlaus	Tierarzt aufsuchen, Behandlung mit verschreibungspflichtigen Medikamenten
Befall mit bis zu 3 cm großen, mit dunklen Querbändern oder Ringen versehenen Egeln	Fischegel	Tierarzt aufsuchen, Behandlung mit verschreibungspflichtigen Medikamenten
Haut sieht aus, als wären dünne Drähte mit farbloser Hülle in die Haut gesteckt. Diese Stellen sind auch meist stark entzündet.	Ankerwurm	Tierarzt aufsuchen, Behandlung mit verschreibungspflichtigen Medikamenten
samtiger Belag auf der Körperoberfläche	Einzeller (Trichodina, Costia, Oodinium)	Abstrich durch Tierarzt, Fischbestand verringern, Wasserqualität verbessern
weißliche Knötchen auf der Haut und den Flossen	Grießkörnchenkrankheit	Fischbestand verringern, Wasserqualität verbessern, Hautabstrich durch Tierarzt zur Diagnose, malachitgrünhaltige Medikamente
„Löcher" und Geschwüre auf der Haut	meist einzellige Außenparasiten und/oder Hautwürmer in Verbindung mit Bakterien	Hautabstrich und bakteriologische Untersuchung durch Tierarzt; Behandlung der Parasiten und evtl. mit Antibiotika gemäß Resistenztest

Quarantänestation für neue und kranke Koi

Da man nie genau weiß, ob neu erworbene Koi auch hundertprozentig gesund sind, ist ein Quarantänebecken ideal. Aber nicht nur Neuzugänge können krank sein. Es kommt immer mal vor, dass ein oder mehrere Fische beobachtet, behandelt oder desinfiziert werden müssen. Gut, wenn man diese Maßnahmen nicht im Koi-Teich durchführen muss.

Standort, Art, Größe des Quarantänebeckens

Der günstigste Standort für ein solches Becken ist in einem beheizten, hellen Raum, damit die Temperatur leicht auf komfortablen 20–24 °C gehalten werden kann. Das ist sehr wichtig, da kaltes Wasser einen Koi zusätzlich schwächt. Tageslicht sollte sein, damit Ihre Fische nicht die Farbe verlieren. Das Becken sollte niedrig genug stehen, damit die Koi Sie schon von weitem kommen sehen. Wenn Sie unvermutet über den Becken auftauchen, können Ihre Koi in Panik geraten und sich durch hektische Bewegungen verletzen. Spannen Sie auf jeden Fall ein Netz darüber, damit keine Koi aus dem Wasser springen und auf dem Trockenen landen. Die Größe des Beckens sollte mindestens zwei Kubikmeter betragen. Sie können ein fest gemauertes Becken einbauen lassen oder nehmen ein rechteckiges Becken aus Vierkanthölzern, das mit einer passenden Teichfolie ausgekleidet wird (wegen der Falten besser passend schweißen lassen). Es gibt auch Fertigbecken für Ausstellungen oder Fertigschwimmbecken. Bei der Folienauskleidung sollten Sie

Ein Budo Goromo in sehr guter Qualität.

unbedingt darauf achten, dass Sie Teichfolie nehmen. Manche Folien sondern nämlich giftige Stoffe ab, die Ihrem Koi schaden können.

Ein außergewöhnlicher Goshiki. Damit er nicht unnötig durch Neuzugänge gefährdet wird, sollten diese zunächst in Quarantäne gehalten werden.

TIPP

Gesellschaft für kranke Koi
Ein Koi ist ein Schwarmfisch und daher nicht gern allein. Geben Sie Ihrem kranken Koi mindestens einen bis zwei „Krankenpfleger" mit. Sie sollten da sicherlich nicht Ihre wertvollsten Fische nehmen, falls der Kranke eine ansteckende Krankheit hat. Auf jeden Fall sollte es ein ruhiger Fisch sein, der den Kranken nicht noch zusätzlich nervös macht.

FILTER Die Filteranlage im unterliegt den gleichen Anforderungen wie beim Koi-Teich. Ein Aquarienfilter ist nicht ausreichend. Die Wasserwerte müssen täglich kontolliert werden, eine kleine Anlage reagiert empfindlicher und direkter als ein stabiler großer Teich. Vorsicht ist auch geboten bei der Verwendung von Chemikalien und Desinfektionsmitteln. Es ist am sinnvollsten, die Quarantäneanlage ständig in Betrieb zu halten, da es immer eine Zeit lang dauert, bis sich die Bakterienpopulation ausreichend vermehrt hat. Falls das Quarantänebecken nicht das ganze Jahr über in Gebrauch ist: Da der biologische Filter immer eine Weile braucht, bis er richtig funktioniert, und oft dieser Zeitpunkt nicht abgewartet werden kann, gibt es die Möglichkeit, Filtermatten aus dem großen Teichfilter in den Quarantänefilter umzusiedeln. Aber Vorsicht, es muss genügend Filtermaterial übrig bleiben, damit die Biologie in dem großen Filter nicht überfordert wird.

IMPRESSUM

Bildnachweis

Farbfotos von: Peter Christian Grimm (25: S. 7, 9, 12/13, 14, 18, 42/43, 44/45, 52/53, 54/55, 56/57, 58, 60/61, 62/63, 64, 66/67, 68/69, 74/75, 84/85, 89, 90/91, 92/93, 94, 104/105, 114/115); Robert Hilble (4: S. 95, 96/97); Reinhard Tierfoto (18: S. 10, 38/39, 40/41, 46/47, 48-51, 72/73, 108/109); Christof Salata / Kosmos: (30: S. 4/5, 6, 11, 16/17, 61,62, 63, 65, 66, 70, 71,78/79, 80/ 81, 82/83, 86/87, 88, 90 u, 98/99, 100/101, 102/103, 106/107, 110/111, 112/113, 116/117); Moonpocket/Datacraft Co.: Japanese Seasonal events (2: S. 9).

Zeichnungen von: Milada Krautmann (39: S. 19-37, 63), W. Weis (1: S. 15).
Schriftzeichen S. 8 von Kaya Sató, Kyôto.

Impressum

Umschlaggestaltung von eStudio Calamar unter Verwendung von vier Farbaufnahmen von Christof Salata (U1 groß, U4) und Peter Christian Grimm (U1: kleine Fotos).

Mit 79 Farbfotos, 39 Farbzeichnungen und 2 sw-Zeichnungen.

Die Deutsche Bibliothek – CIP-Einheitsaufnahme

Ein Titelsatz für diese Publikation ist bei der Deutschen Bibliothek erhältlich.

Gedruckt auf chlorfrei gebleichtem Papier

© 2002, Franckh-Kosmos Verlags-GmbH & Co., Stuttgart
Alle Rechte vorbehalten
ISBN 3-440-08896-0
Redaktion: Christine Axmann
Gestaltungskonzept: eStudio Calamar
Gestaltung und Satz: Guido Schlaich
Produktion: Kirsten Raue, Markus Schärtlein
Printed in Czech Republic / Imprimé en République tchéque
Druck und Binden: Tesinska Tiskarna, a.s., Cesky Tesin

ZUM WEITERLESEN

► BÜCHER

Beck, Peter:
Die schönsten Miniwassergärten.
Kosmos-Verlag, Stuttgart 1998.

Beck, Peter:
Gartenteiche anlegen, pflegen, genießen.
Kosmos-Verlag, Stuttgart 2000.

Beck, Peter:
Gartenteiche schön gestalten.
Kosmos-Verlag, Stuttgart 2001.

Helberg, Thomas:
Wassergärten.
Kosmos-Verlag, Stuttgart 1995.

Klösel, Gottfried:
Wassergärten – so werden sie noch schöner.
Kosmos-Verlag, Stuttgart 1998.

Koi – König der Gartenteiche.
Übersetzt von Monika Niehaus-Osterloh.
Tetra-Verlag, Bissendorf 1998.

Kölle, Dr. Petra
Fischkrankheiten.
Kosmos-Verlag, Stuttgart 2001.

Pap, Robert:
Feng Shiu – Harmonie im Garten.
Kosmos-Verlag, Stuttgart 2000.

Pap, Robert:
Feng Shui Gärten schön gestalten.
Kosmos-Verlag, Stuttgart 2001.

Teichfischer, Bernhard:
Nishikigoi. Faszinierendes Hobby Koi.
Dähne-Verlag, Ettlingen 1999.

Untergasser, Dieter:
Krankheiten der Aquarienfische.
Kosmos-Verlag, Stuttgart 1989.

► ZEITSCHRIFTEN

Koi Kurier
Postfach 2512
33255 Gütersloh
Tel: 05241/57856
E-Mail: koikurier@koi.de

ADRESSEN

Bezugsquellen für japanische Koi

SAKANAYA München
Fischwirtschaftsmeister
Robert Hilble
Geiselwieser Str. 2
D-85235 Odelzhausen-Sittenbach

SAKANAYA Bodensee
Fischwirtschaftsmeister
Robert Hilble
Waldhornstr. 8
D-88677 München

Besuchstermine nur nach telefonischer Vereinbarung.

Fischgesundheitsdienste (FGD)

Fischcare
Dr. Sandra Lechleiter
Forststr. 180
D-70193 Stuttgart

Staatl. Veterinär- und Lebensmitteluntersuchungsamt
Ringstr. 1030
D-15239 Frankfurt/Oder

Staatl. Fischseuchenbekämpfungsdienst und FGD
Eintrachtweg 17
D-30173 Hannover

FGD im Staatl. Untersuchungsamt
Marburger Str. 54
D-35396 Gießen

Landesveterinär- und Lebensmitteluntersuchungsamt, FGD
Haferbreiter Weg 132-135
D-39576 Stendal

FGD
Heinsbergstr. 53
D-57399 Kirchhunden-Albaum

FGD am Landesveterinäruntersuchungsamt
Blächerstr. 34
D-56073 Koblenz

FGD am Staatl. Tierärztl. Untersuchungsamt
Azenbergstr. 16
D-70174 Stuttgart

Institut für Zoologie, Fischereibiologie und Fischkrankheiten
LMU München
Kaulbachstr. 37
D-80539 München

FGD am Medizinal-, Lebensmittel- u. Veterinäruntersuchungsamt
Tennstedter Straße
D-99947 Bad Langensalza

Schweiz

Untersuchungsstelle für Fischkrankheiten, Institut für Tierpathologie
Universität Bern
Längasstraße 122
CH-3012 Bern
Tel.: 031274465
Herr Dr. Wahli, Herr Dr. Meier

Österreich

Österreichischer Verband für Vivaristik und Ökologie (ÖVVÖ)
Landesverband Niederösterreich
Richard Pfister
Langenlebarner Str. 50
A-3430 Tulln

ÖVVÖ
Landesverband Wien
Bernhard Schwab
Breitenfurter Str. 535/8/1
A-1230 Wien
Tel: 01/913 38 51, E-Mail: bernhard.schwab@telekabel.at

ÖVVÖ im OÖ Volksbildungswerk
Konsulent Hans Esterbauer
Johann Puch-Str. 27/III/5
A-4400 Steyr
Tel: 072 52/83 5 44
E-Mail: hans.esterbauer@aon.at

INTERNET

www.koi.de

http://www.vetmed.uni-muenchen.de/zoofisch/koi1.html

Die gängigen Suchmaschinen liefern unter dem Stichwort Koi eine Fülle von weiteren Adressen.

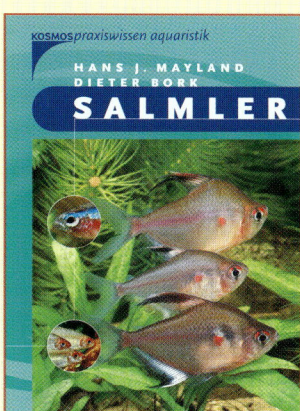

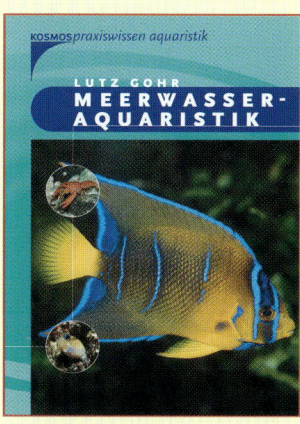

KOSMOS

Die Faszination Aquaristik zum Greifen nah

- ▶ Praxisnah und kompetent für Einsteiger und Fortgeschrittene
- ▶ Porträts der schönsten Fische und Pflanzen
- ▶ Weitere Bände aus der Erfolgsreihe

Aufschlagen und Eintauchen

Jeder Band mit

124 Seiten
ca. 150 Farbfotos
Illustrationen
Checklisten
Tabellen
gebunden

Die Reihe wird fortgesetzt.

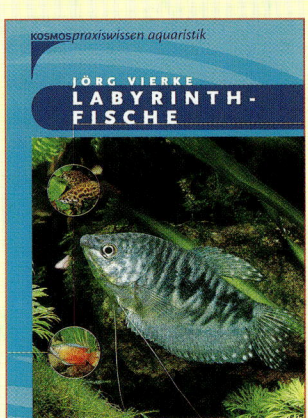

Jörg Vierke
Labyrinthfische
ISBN 3-440-08248-2

Petra Kölle
Fischkrankheiten
ISBN 3-440-08249-0

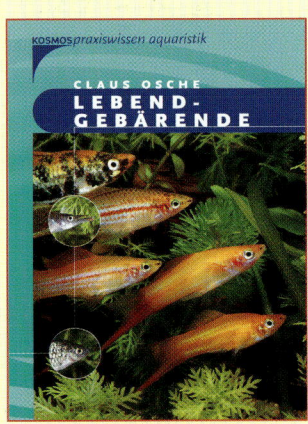

Claus Osche
Lebendgebärende
ISBN 3-440-08898-7

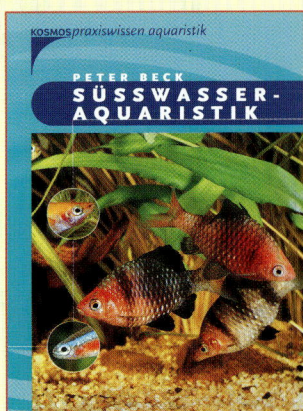

Peter Beck
Süßwasseraquaristik
ISBN 3-440-08897-9

www.kosmos.de